感じる食育 楽しい食育

食の探偵団
サカイ優佳子・田平恵美

コモンズ

■ 感じる食育 楽しい食育　目次

プロローグ　こんにちは、食の探偵団です　6

第1章　食育って何だろう　9

　　1　食に興味をもとう　10
　　2　自分にとってのおいしさを大切にしよう　16
　　3　食を楽しめるようになろう　18
　　4　知識も増やし、変化を感じよう　28

第2章　五感をめざめさせよう　33

1　意識して、五感を研ぎ澄ます　34

2　私たちのオリジナルプログラム　36
- 身近な素材の味比べ①　比較してみよう　38
- 身近な素材の味くらべ②　何からできてるの?　40
- 味わいの言葉と食べものの連想ゲーム　42
- 宇宙人に伝えてみよう
  じっくり観察し、ていねいに話す　44
- 食べものがおいしくなる不思議　46
- 自分の料理を描いて作ろう　48
- 自分でも作れる! 手作りに挑戦　50
- 香りあてクイズ　52
- 手触りクイズ　54
- 変幻自在レシピ(おとな版)　56
- おとなだけの味覚を楽しむ(おとな版)　58
- 自分だけのおいしいもの記録をつくってみよう　60

3　食の探偵団の一日　62

〈コラム〉おばあちゃんの技を盗もう!　66

第3章　学校給食を上手に活かそう　67

1　教育としての学校給食　68
2　心と体を育てる給食　76
3　食べ方も工夫しよう　84
4　子どものための給食を　88

〈コラム〉いろんなお店へ行って、プロの知識を教えてもらおう　94

第4章　いろんな教科と連動させよう　95

1　子どもの視野を広げる食育　96

2　こんな授業も、おもしろい　98

【総合的学習の時間】98
- ●野菜を育てて、描いて、食べよう!
- ●残飯からごみ問題を考える
- ●保存食を作ってみよう

【国語】102
- ●食べ方や食べものに関することわざや用語を覚える
- ●古文に出てくる食べものから昔の食生活を知る
- ●小説や詩などの食べものの記述を読んで味わう

【算数】107
- ●計算が苦手では料理ができない

【社会】107
- ●駅弁で特産を学び、名物弁当を工夫する
- ●3学期は正月料理の大研究

【体育】109
- ●食べものから摂るカロリーをどう消費するか

【英語】110
- ●英語で書かれたレシピを読んで料理
- ●日本の家庭料理を英語で教える

3　学校の外へ出よう、プロを呼んでみよう　112

〈コラム〉自分だけの食のガイドブック　121
〈コラム〉一杯のラーメンから広がる食文化　122

第5章　農と食卓と世界をつなげてみよう 123

　　1　農業問題って、だれの問題？ 124
　　2　食版「世界がもし100人の村だったら」 126
　　3　現実になるかもしれない食事 128
　　4　食の向こうの世界をのぞいてみよう 132

エピローグ　食の向こうに世界が見える 138

装幀・イラスト／日高真澄

プロローグ　こんにちは、食の探偵団です

私の感覚、けっこうスゴイ ●●●●●●●●●●●

　5種類の粉を前に、主婦たちがじっくり眺めたり、なめてみたり、指ではさんで手触りを確かめたりしています。
「このキシキシいう感じは、片栗粉じゃない？」
「これは、そば粉よ。そばの香りがするもん」
「えー？　これ、なんだろう。絶対知っているはずなんだけど」
　これは、私たちが行っている、食育プログラム「食の探偵団・おとな版」の風景です。
　どこの家の台所にもある粉。でも、あらためて眺めたりなめてみたりすることは、まずありません。
　食育というと、子どものためのものと思う人が多いようです。「食の探偵団」も、初めは小学生を対象にスタートしましたが、お母さんたちからのリクエストで、おとな版も開催するようになりました。
　「ふだん何気なく口にしている食べものを五感を意識しながら味わってみる」、そして「感じたことを言葉にしてみる」。これは子ども版にもおとな版にも共通する基本です。テイスティング（味わい分け）、ゲーム、イメージング、調理などを通じて、食材や料理への興味や関心を引き出していきます。とくに、おとな対象のプログラムでは、自分で工夫しながら料理をアレンジするための考え方のヒントを盛り込んでいるのが特徴です。
　そのなかで行った粉のテイスティング。ごくふつうの主婦たちであるにもかかわらず、結局ほとんどの人が自分の感覚だけで薄力粉、上新粉、コーンスターチ、片栗粉、そば粉の5種類の粉の名前をあてることができたのです。彼女たちは「私に

もわかるんだ！」と口々に驚きの声をあげました。

　ものを食べるとき、私たちはいつも五感を使って味わっています。日常的に、それを意識することが少ないだけです。身近にある食べものを、もう一度意識して味わってみましょう。食べる、料理するといった毎日の繰り返しのなかに、驚きや発見があるはずです。

関心のあることは、どんどんやる子どもたち

　2002年春に始めた「食の探偵団・小学生版」では、小学校1年生から6年生までが同じ調理室に入り、男の子も女の子もいっしょに活動します。当然、火も包丁も使って。オリジナルのレシピをつくり、自分の手と頭を動かして、形にしていきます。危険がないよう目を配るために、おとなが数人手伝いに入りますが、実際に手を動かすのは子どもたち。

「もっと上手にできそうな気がする。もう1回やっていい？」

「ここに水をつけると、やりやすいよ」

「ぼくが鍋を押さえているから、そっちで中のものを引っくり返してね」

　5～6人の班に分かれた子どもたちは、年齢も性別もバラバラ。恥ずかしさもあって初めはおとなしいけれど、ひとつの目標に向かって協同作業をするうちに、お互いに助け合って得意なところを担当し、いつのまにか呼吸が合ってきます。

「いまの子どもたちはやる気がない、すぐ切れる」などと言われますが、はたしてそうでしょうか。「食の探偵団」では、子どもたちの集中力、根気強さ、工夫や発想の素晴らしさに、しばしば驚かされます。自分が興味や関心をもつことであれ

　ば、そしてそれに自分で工夫しながら取り組む時間と場があれば、おとなが何も言わなくても子どもたちは自主的にどんどん動き始めるのです。
　ポケモンの名前を知りたいがために、あっという間にカタカナを覚えてしまった子どもはたくさんいます。おとながもっている知識や技術を伝えるとき、「これを勉強しなさい」と与えてしまうのではなく、まず子どもの自主性を引き出す場を用意して、彼らが自ら学んでいくのを待つことが大切です。「食の探偵団」は、子どもたちにそんな場を提供していきたいと考えています。

CHAPTER 1

食育って何だろう

食育は子どもだけのものじゃない！

1 食に興味をもとう

食べることに苦労しない時代だから、食育が大事 ●●●●

「食育なんて、ぜいたくな時代だからできるんだよ。ぼくらが子どものころは、食べるだけで精一杯だった」

60代の男性に、こう言われたことがあります。「食育」というと、こうした反応が返ってくるケースが少なくないのです。たしかに、食べるものにこと欠く地域や時代に、どう食べるかなんて言っている余裕はありません。

料理研究家の中村成子さんが、「戦争の時代を生きた女性たちは、命がけで日々の食卓を整えていた」という趣旨の文章を書いていました。第二次世界大戦中、まだ小学生だった私の父は、家族の命をつなぐ米を都合してもらうために、自転車で何十キロも離れた親戚の家まで一人で出かけたと言います。静岡県の疎開先で鰻をさばく手伝いをした経験をもつ母も当時、小学生でした。そうした父や母の親の世代は、空き地に野菜や芋を植えて、家族の食事の足しにしようと努力していたそうです。当時の子どもたちは、食べるために苦労する父や母の姿を見るだけでなく、自らも食べものにありつくためになんらかの努力をせざるをえないなかで、暮らしていました。

でも、いま子育て真っ最中の世代のほとんどは、こうした体験を経ずに親になっています。その子どもたちが、生きていくために食や農について考えることなどありません。明日の食事を心配せずに暮らせるのは、幸せではあります。しかし、食べるという行為は体や心を育てることに直接つながるのですから、何の意識もせずに、目の前にあるものを口に放り込むだけでいいはずはありません。

とくに最近は、マスコミからの過剰な情報に、いつのまにか

個人の食生活が影響を受けてしまっています。テレビ番組で「豆乳が体にいい」といえば、豆乳が売れる。「ヨーグルトが花粉症に効く」と放映されると、ヨーグルトがひっぱりだこ。「炭水化物を食べなければやせる」と聞けば、米もパンもまったく食べない人まで現れます。

小学生を対象にオレンジジュースのテイスティングをしたところ、名前があがったのはテレビで宣伝している商品名ばかりで、驚いたこともありました。これほどマスコミの影響が大きい時代は、いままでに存在しません。

現在の日本は、簡単に食べものが手に入る一方で、食の安全が脅かされ、農業の未来は危うく、食料自給からはほど遠い状況です。食に関する情報が氾濫するなかで、孤食(一人で食べること。限定的に、家族が家にいても一人で食べることを指す場合もある)や個食(家族がいっしょに食卓を囲みながら、それぞれが好きなものだけを食べること)の問題が顕在化しています。こうした飽食の時代だからこそ、食に興味と関心をもつ姿勢を小さいころから育む食育が必要ではないでしょうか。

国も動き出した!!

いわゆる狂牛病(BSE)、産地の偽装表示、鶏インフルエンザなどの問題をきっかけに、食の安全についての意識が高まっています。2004年2月には、自民党の食育調査会から「食育基本法」素案が小泉純一郎首相に提出され、05年7月に施行されました。そのおもな内容は次のとおりです。

①家庭・学校・保育所における食育の推進。
②地域における食生活改善運動。
③政府の食育への取組みをまとめた年次報告書「食育白書」

　　の国会提出を義務づける。
　④内閣府に首相を会長とする「食育推進国民会議」を設置。
　　食育に関する特命担当大臣を置き、委員は首相が任命する。

　そこからは、食育を国をあげた運動にしていこうという意気込みは感じられます。ただし、どれだけ具体的な展開につなげられるかは今後の課題です。
　各省もそれぞれの立場から、食育推進に動いています。
　たとえば、農水省は03年から毎年1月を「食を考える月間」とするほか、地域に根ざした食育コンクール、食育総合展などを開催してきました。また、文部科学省では、02年から全国の小学校5年生(約130万人)に、「食生活を考えよう──体も心も元気な毎日のために──」(B5判、25頁)を配布。加えて、04年度末までに、全国の地場産給食の事例集を作成する予定です。

これまでに行われてきた食育

　私たちが調べた範囲では、食育という言葉は1903年に発行された『増補註釈 食道楽 秋の巻』(村井弦斎著、報知社出版部)に、すでに登場していました。「第252 食育論」にある文章を現代語にして紹介しましょう。
　「知育よりも体育よりも一番大切な食育のことを研究しないのは、とてもうかつだ。(中略)人間の体格をよくしたければ、筋肉や骨を作る食べものを与えなければならないし、脳を発達させたければ、脳の栄養分となるべき食べものを与えなければならない。体を育てるのも、知恵を育てるのも、根源は食べものにある。こう考えると、何よりも食育が大切ではないか」

　　　　　　　　　　　　　　　1　食に興味をもとう

(柴田書店のホームページに原文がある。http://yumyumtown.com/lib/shokudoraku/index.html)

　これまでも日本では、食育という言葉をとくに使っていない場合も含めて、食についてさまざまな活動や教育が行われてきました。まず、それを整理してみます。

①食べものの安全性

　どうしたら、より安全な食材を選べるか。農薬をできるだけ口に入れないために、家庭でどんな工夫ができるか。食品添加物にはどんなものがあるか。こうした私たちの生活に欠かせない知識を身につける。

②食と農の関係

　食べものはどこで生産され、どんな人や場所を通って、食卓に届くのか、将来にわたって安全でおいしい食べものを確保するためにはどうしたらいいのかを知る。

③食べ方

　栄養についての基礎的な知識をベースに、体のために何をどのくらい食べればいいのかを知る。

④調理技術

　ご飯を炊く、味噌汁を作るに始まり、基本的な調理技術を身につける。

⑤食べた後

　食べ残しはどれぐらいあるのか、残飯はどうなるのかを知る。

　食べることはよく生きるための基本です。食育の必要性が強く叫ばれるようになったのは、これまでの食育だけでは不足していたからといえると思います。最近では①に注目が集まるようになりました。しかし、これまでは、食育と言えば③と④に

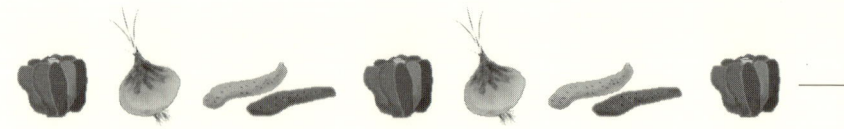

偏っていたように思います。そこで、今後の食育に必要とされる視点を考えてみましょう。

食を楽しむ姿勢を養う

　食育が対象とする範囲は多様です。料理を作る、栄養の知識を身につける、農業体験をするなどは大切ですが、それがすべてではありません。

　たとえば、現代において食べるという行為は、健康や栄養という個人的な問題だけでなく、国際社会、環境、経済などさまざまな分野に影響を与えています。それを認識したうえで、どんな食育が必要なのかを考えなければなりません。目の前に見える現象だけではなく、その背後へと思いをつなげられるような発展的・総合的な食育をめざしていきたいと思います。

　また、これまでの日本の食育はほとんどの場合、「何を食べるのか」が中心に議論されてきました。そこに付け加えたいのは、「だれと、どのように食べるのか」という視点です。

　女性の社会進出、家族形態や価値観の変化などの要因から、中食（なかしょく）(調理済みの惣菜や弁当を買って家で食べる)や外食が増え、家族がいっしょに食事できないケースも増えてきました。とくに都市部では、朝食も夕食もそろって食べる家庭のほうが少数派でしょう。もちろん、そうした状況をしかたがないと肯定したくはありません。でも、どんな状況でもそのときその人にとっての最高の食事をする能力を培うことが、これからの子どもたちには必要になるでしょう。

　私たちは毎日、なんらかの方法で食事を用意し(あるいは何を食べるかを選び)、食べなくては、生きていけません。そうであれば、楽しくできたほうがいいに決まっています。

人といっしょに食事を楽しめるし、一人でも楽しく食事ができる。料理も、人といっしょでも一人でも楽しめる。それが理想です。もちろん、子どもにとっての孤食が常態化する事態は、避けなければなりません。でも、一人で食べなければいけないときに、その場を楽しめる強さやしなやかさをもつことは大切だと思います。それは、おとなも同様です。
　食べるだけでなく、料理するだけでなく、食に関するすべてを自分にとって大切と感じ、積極的にかかわっていこうとする。そうした姿勢があれば、食の安全、栄養の知識、調理技術について学ぶとき、自分にとってより身近な問題としてとらえられるでしょう。また、食を支える農業や漁業、環境、経済にも関心は広がっていくでしょう。食に関心や興味をもつことから出発し、食を楽しむ姿勢を養う食育が、今後は重要になっていきます。
　誤解がないように付け加えますが、これまで行われてきた食育を否定するつもりは、まったくありません。そのどれもが、子どもにとってもおとなにとっても重要です。ただ、食を楽しむ姿勢を養う食育は取り上げられることが少なかった分、意識して広めていかなければならないと思います。どういう角度からであれ、食についてあらためて考える機会が身近に少しでも多く存在することこそが大切なのです。

2 自分にとってのおいしさを大切にしよう

フードファディズムと裸の王様

　フードファディズム（Food　Faddism）という言葉を聞いたことがありますか？　食べものが健康に与える影響を必要以上に大げさにとらえ、「これさえ食べていれば健康が守れる、これを食べると病気にならない」と信じたり評価する態度を指す言葉です。

　実際、「玄米を食べればガンは治せる」とか「万病に効くスープがある」といった情報が、異常に氾濫していると思う人も多いのではないでしょうか。納豆がいいと聞けば、ラーメンを食べるときでさえ納豆を添えずにはいられない。牛乳がいいとなると、和食でも牛乳をつける。そんな極端なとらえ方や食べ方をする人が増えてきていると、あるマーケティング会社の調査で指摘されています（岩村暢子『変わる家族　変わる食卓』勁草書房、2003年）。

　一方で、「究極の美味」「絶品」とマスコミに取り上げられて話題になると、予約が数カ月先までいっぱいのレストランに足を運んだり、遠方からわざわざ食材を手に入れたりする人も、少なくありません。それ自体を否定するわけではありませんが、気になるのは、話題のレストラン・食材なのだから「おいしいと思えないのは自分の舌が未熟なのかも」と、まるで裸の王様のように、おいしいと思い込もうとする傾向がよく見られることです。

自分で感じる

　岩村氏は、料理の作り方や育児の仕方についても、主婦たちが本に書いてあることを絶対視し、自分で考えなくなっている

と指摘しています。主婦たちによるこんな回答が紹介されていました。

「本に書いてあることは正しいと思うので、本の通りに分量を計って作ったときには『味み』をしない」

「じっくり手をかけた料理とは、自分の感覚なんかに頼らずに、本を見て書いてあるとおりに作る料理だと思う」

この現象に共通するのは、「日常の」食生活で、おいしいと「自分で」感じる心を軽視する傾向です。しかし、多くの学者が何が体にいいかを研究していても、たとえば「イカはコレステロールを上げると言われていましたが、最近の研究ではむしろ下げることが明らかになりました」など、通説がまったく逆転することもあります。体にいい理由をあげないと食べる大義名分がたたない、と言わんばかりの態度は不自然です。

マスコミが取り上げたからといって、それが万人にとっての美味とは限りません。料理の本は、著者の味覚にそってレシピが書かれています。その味覚が自分の好みに合うかどうかは、わかりません。

私たちの祖先は、「おいしい、まずい、甘い、酸っぱい、苦い、しょっぱい、いい香り」と初めての食べものにあうたびに、自らの五感で自分に必要なものを選び取り、ときには加工して、生きてきました。おいしいからといって、量も栄養も考えずに特定のものばかり食べるのは困りますが、まずは先入観や偏見をできるだけそぎ落としてみましょう。そして、日常生活のなかで五感を使って、見た目や香りを楽しみ、味わい、食感を、ときには音を楽しんで、「自分にとってのおいしさ」を見つけていきたいと思います。

第1章●食育って何だろう

3 食を楽しめるようになろう

体得した食の記憶を思い出す●●●●●●●●●●●

　ある香りに出会って、忘れていた子どものころの思い出が甦る経験が多くの人にあるように、ある味に出会ってそれが何十年も前の記憶につながることもあります。

　たとえば、公園で紙芝居を見ながら食べたソースせんべい。始まる前におじさんがソースをぬって、薄い薄いエビせんべいを2枚くっつけてくれます。干したエビの香りが鼻にきて、噛むとパリッとして、でも頼りないようにすぐに割れる。口の中でフワワッと溶けると、ソースの少し甘くて酸っぱい味が、微妙なスパイスの香りとともに舌を刺激します。たまに口の中に張り付いてしまい、人さし指を突っ込んで取りながら、隣りにいる友だちと笑い合っては、紙芝居を見てましたっけ。

　そして、小学生のとき、家族で海水浴に行って海辺で食べた焼き立ての蛤。炭の匂い、殻がパチッパチッと割れる音、焦げた醤油の香り。上半身ランニング一枚で、麦わら帽子をかぶって、蛤を焼くおじさんの姿。汁をこぼさないように、熱い指先も我慢我慢。蛤を汁ごと口に入れたときの磯の香り、噛むと貝の中からじゅわっと出てくる濃い旨味。最後は貝柱を指でほじったり、歯でしごいて取ろうとしたり。濡れた紺のスクール水着が身体に張り付いて、じとっとした感じも、いっしょに覚えています。

　自分にとって思い出深い味をあらためて考えてみると、食べもの自体の味の記憶とともに、いっしょに食べた人や作ってくれた人の顔、風や海の香り、その場の雰囲気までもがセットになって記憶されていることに気づくはず。こうして記憶に刻まれた味の思い出は、自転車の乗り方や泳ぎ方と同様に、何かの

ときに記憶のポケットからふっと取り出せる、いわば体得した味の記憶です。これが、ひとりひとりの味覚のふるさと、味覚のベースを形成していきます。

あなたは、どんな体得した味の記憶がありますか。思い起こしてみてください。

毎日の食事を意識して味わう

「うーん、いい香り。きょうのおやつはなんだろう？」
「このナスはつやがいいな。おいしいかな？」
「今日のこんにゃくはプリプリしておいしい」
「いつもと違う香りがするけど、なんだろう？」
「この前に食べたのと色が違うのは、味付け変えたからかな」

毎日の食事を、ちょっぴり好奇心をもって食べてみましょう。ソムリエのようになれというのではなく、料理評論家のように批評をしろというのでもありません。味覚に限らず感覚は鍛えられるし、ほんの少しの努力の積み重ねによって、以前は感じられなかった差を感じ分けられるようになります。幼いころは好ましいと思えなかった香りや味わいが、おとなになって好きになった経験は、だれでもあるはず。それは、無意識のうちに味覚が育てられ、幅が広がってきたからなのです。

食の探偵団のプログラムでも、さまざまな報告がありました。たとえば……。

「セロリの香りがダメだった」
「ビールの苦味のうまさがわからなかった」
「ヨーグルトの酸っぱさが苦手だった」
「トマトジュースのドロドロした感じがイヤだった」

でも、いつのまにか、セロリの香りが料理のアクセントにな

るのを好むようになり、風呂あがりのビールが待ちどおしくなり、甘味のついたヨーグルトは食べなくなり、トマトジュースに太陽と土の匂いを感じるようになったと言います。

陶芸家の故・加藤唐九郎氏が思いどおりの焼きものをつくるための土を探して、土の味見をしている写真が印象に残っています。染織家は、染料の味を見て色の出具合が予想できるそうです。それは、一部の人にだけある才能なのでしょうか。

プロローグで紹介したように、じっくり観察して味わってみれば、粉の種類を言い当てられるぐらい、私たちの感覚も捨てたものではありません。五感を意識して働かせて、眠っていた感覚を呼び覚ましてみましょう。忙しい毎日では、何を口に入れたかを考えもせずに食べることもあるかもしれません。でも、少し余裕があるときに、五感を十分に働かせて、食べものの香り、見た目、味わい、食感、音に集中して、意識に刻み込んでみてください。

本来、食べものが体に取り込まれるというのは、心地よいことのはず。それを存分に感じるつもりで、自分の体の反応に集中してみるのです。目、鼻、耳、舌、のど、手など、食べものを味わうとき、私たちは意識しなくても五感を使っています。目を閉じ、鼻をつまんで人参を食べたら、それが人参と言い当てられる人はめったにいません。私たちは五感それぞれを使いながら、その感覚すべてを統合して、「おいしい」という満足感を得るのです。

感じることに正解・不正解はありません。自分の体という個性を自覚し、自分固有の感じ方を意識する。それは自己肯定感につながっていくのではないでしょうか。こうして味覚のベースを意識的に重層的に育んでいくと、新しい味を受け入れ、楽

しめる柔軟性が育っていきます。

　初めは母乳しか口にしなかった私たちが、さまざまな食べものに出会い、味わい、体の内部で目のつんだ布をだんだんに織り上げ、新たな味覚の受け皿を用意する。それが、味覚の形成と成長のイメージです。

　毒に通じる苦味や腐敗に通じる酸味を、歳を経るにしたがって楽しめるようになる。一方で、若いころには気にとめなかった繊細なだしの風味を、しみじみ味わえるようになる。外国の食べものなど未知の味にもおいしさを見出せる。成長するにつれ、味覚は変化し、成長していきます。それをもっと意識してみませんか。

感じたことを言葉にしてみる

　こうして意識して感じたことを体に記憶させるために、また他の人たちと体験を共有したり違いを実感したりするために、感じたことを言葉にしてみましょう。食べもの自体に「おいしい」「おいしくない」という性質はありません。それは、食べる人間の感性の問題です。

　子どもたちの味の教育にも力を尽くしてきたフランス味覚研究所のジャック・ピュセ氏は「味わう力の退行は、表現力、ひいては言語の退行をもたらすのです」と、子どもたちが不注意に食べることに対して警鐘を鳴らしています（島村菜津『スローフードな人生』新潮社、2000年、201ページ）。微妙な差を表す言葉が消えていく結果、その差を他の人と共有できなくなると考えれば、食や味わいにまつわる言葉を心がけて豊かにしようとすることは、味わう力の下支えになるかもしれません。

　感じたことをできるだけ正確に言葉におきかえる作業は、初

めは簡単ではないでしょう。食事のたびにでは、無理もあります。そこで、学校や保育の場で、ときには家庭内で、遊びやゲーム感覚でやってみてはどうでしょうか。

　たとえば、「ほっこり」という言葉からどんな食べものを連想しますか。「コリコリ」「端麗」「プチプチ」「まったり」「ねっとり」は、どうでしょうか。

　逆に、ある食べものをじっくり観察しながら味わって食べ、その味を表す言葉をあげていきます。

　まわりにいる人たちのなかで、一番早くその食べものが何かをあてた人が勝ちというゲームもできます。たとえば……。

　「プチプチ。緑の帽子。赤。甘ずっぱい。中は薄いピンクから白へのグラデーション。さわやか。歯をたてると中はみずみずしく、口の中に香りとジュースが広がる」（正解は27ページです）

　同じ食べものを味わっても、何を感じ取るかは人によって相当に違います。まずは、それを認識するのが第一歩。同じコンサートを聴いても、同じサッカーの試合を見ても、聴いている音、目をつけるところ、感じるものがそれぞれ違うのと同様です。他人の着目点を聞いて、「そういう感じ方や見方もあったのか」と気づくのは、貴重な経験だと思いませんか。

　それぞれが経験してきた食の歴史、食に傾けた時間、意識の濃度は、異なります。そして、感じていることは同じでも、表現方法が異なる場合もあります。人の言葉に耳を傾けることは、あらたな表現方法や言葉を身につけるチャンスでもあるのです。

　アメリカで、両親とも英語を母語とする家庭と、両方あるいは一方が英語を母語としない家庭とで、子どもの英語の語彙を

調べたところ、前者で育った子どものほうが圧倒的に多かったそうです。人間は、まわりの人が話すのを聞いて語彙を増やしていきます。他人の表現方法にふれることで、自分の語彙と感覚を広げていってください。

食感と触感が豊かな日本語

日本語は触覚的な感性が著しく発達している言語とされ、食べることに関しては、食感を表現する言葉が非常に多いといわれます(山下柚実『五感生活術』文春新書、2002年、参照)。そこで、日本での生活歴が長いアメリカ人に聞いてみました。

「納豆のネバネバは sticky、ご飯も sticky、餅のもちもちは sticky and chewy、長イモのネバトロは slimy。『もっちり』『ぺたぺた』『まったり』『ねっとり』『ねばねば』などは、訳すのがとてもむずかしい」

食べものだけでなく、手で食器を持ち上げて食べる習慣があるからか、汁椀の縁の唇へのあたり具合、湯飲み茶碗を手で持ったときに伝わる温かさ、箸の長さ、バランス、ご飯茶碗の手になじむ質感や重さにも、日本人は敏感です。多くの家庭では、それぞれが自分の箸とご飯茶碗、ときには汁椀や湯飲みを使います。欧米では、子ども用の短いフォークとナイフという例はあるかもしれませんが、おとなが自分の皿、フォーク、ナイフを他の家族と分けている例は、まずないでしょう。

このように日本人は、他の文化に属する人たちと比べて、食感・触感の差を感じ分ける能力が高いのです。それらを表す言葉の豊かさとともに、今後も大切にしていきたい財産だと思います。

ところで、日本では、食べものの味について語るのは下品

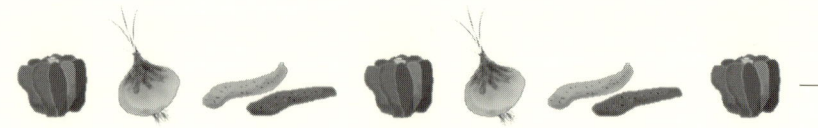

だ、そういう些細なことを気にかけるべきではない、という考え方が伝統的にありました。私も給食のときに「食事中はしゃべるな」と怒られた世代です。だから、80年代以降の「黙って食べろ」から「食事中の会話を楽しんで」への180度の方針転換にとまどいを覚えました。

そうした名残りからか、「おいしい」でも「おいしくない」でもなく、黙って食べる人は、いまも少なくありません。口には出さなくても、じっくり味わって食べているのならまだいいのですが、感じることも考えることもせずに口に放り込んでいるだけだとしたら、寂しいかぎりです。

黙って食べるのは、その人なりの美意識なのかもしれません。でも、食卓を整え、料理を作った人への感謝の気持ちを伝えられれば、「もっとおいしいものを食べさせてあげたい」「今度はこんなものを作ってあげよう」と、作り手も反応するでしょう。食べものを媒介に食べ手と作り手の心の交流が生まれるきっかけは、たった一言の「おいしい」から始まります。

疑問に思う気持ちを大切に

学校の勉強では多くの場合、正解・不正解がはっきりしています。出題者が想定する答えを決められた時間内に出せなければ、劣等生。「なぜ？」「どうして？」とひとつのことを考えこんでしまう子どもよりも、疑問を感じずに覚えた公式にあてはめて答える子どものほうが、評価されがちです。

初めてのものごとに出会ったときには、「なぜ？」「どうして？」と感じるほうが、むしろ自然です。目の前に広がる物ごとに興味や関心をもてなければ、自分の問題としてとらえられません。そして、自分にひきよせて考えられなければ、疑問も

わきません。
　農業に詳しい男性と話をしていたとき、たまたま彼が言いました。
「プチトマトは、大雨の翌日に実がプチッとはじけちゃうことがあるんですよ。水分が多すぎるからなんです」
　すると、隣りにいた友人が突然、大きな声をあげました。
「それでなんだ。やっとわかった！」
　プチトマトを育てていて、突然なぜか実がはじけてしまうことをずっと疑問に思っていたからこそ、彼女はこの言葉にこれだけ反応したのです。自分のなかに「どうしてなんだろう」という思いがあれば、ふと耳にしたり目にふれたりする情報が、その人のアンテナにひっかかってきます。こうして自分のものになった知識は、たとえふだんは忘れていても、必要になったときにはきっと蘇ってくるでしょう。

既成概念にしばられない

　あるとき「ご飯に合うイチゴ料理を」という依頼を受けて、イチゴのリゾットを作りました。イタリアではよく食べるらしいと知人に教えられ、おそるおそる作ってみたのです。すると、イチゴの酸味と香りと甘みが残っているのに、デザートではなく、しっかりリゾットになり、不思議なほどの絶品。赤ワインで風味付けしているので、ご飯はピンク色に染まり、見映えもばっちり。わが家の定番になりました。
　ブラジル人は、豆を甘く煮るなんて想像がつかないと言います。でも、お汁粉も和菓子のあんも日本ではおなじみです。
　また、米を甘く煮てデザートにすると聞くと、「え？」と思う日本人が多いのですが、インドやパキスタンでは、キールと

　いう米のデザートは定番。カルダモン(世界でもっとも古いスパイスのひとつ。南インドやスリランカの高地の熱帯雨林地域に育つ灌木の実)の香りがきいて、なかなかの美味です。スペインのアロス・コン・レチェはシナモン風味の米のデザートで、アメリカでも人気。それに、よく考えてみれば、私たちもおはぎを食べています。

　納豆やなまこなどを初めに食用にしようと考えた私たちの祖先の積極性、工夫、味覚の幅も、驚くに値するものです。

　03年に、カナダのスーパーで甘酒を見つけました。アーモンドアマザケシェイク、アマザケドレッシング、アボカドライムアマザケ。日本人には考えもつかないような食材の組合せで、たくさんの種類の amazake が棚に並んでいます。日本人は、甘酒は飲みものと決めてかかってしまいますが、先入観なしに食材と向かい合うと、さまざまなアイディアが出てくるものだと関心しました。豆腐ステーキや豆腐マヨネーズなど、豆腐レシピの逆輸入も同様です。もっとも、私たちが焼き肉や鶏の照焼きをのせたピザを食べているのを見たら、イタリア人は仰天するかもしれませんが……。

食材の情報を増やしていく●●●●●●●●●●●

　日本で生産されるじゃがいもには、私たちが考えている以上に多くの種類があるそうです。ところが、消費者の認知度が低い、消費者が新しい種類に消極的であるという理由で、男爵系とメークイーン系とに大まかに分類されて売られていると聞きました。

　一方、99年に住んでいたフランス中部の町クレルモンフェランで通っていた市場では、常時8種類のじゃがいもが売ら

3 食を楽しめるようになろう

れていました。八百屋の主人は、私が作る料理を説明すると、それに適したじゃがいもを袋に詰めてくれます。

「形が悪くて、皮はむきにくいけれど、味は一番だね」

「味は濃いけど、マッシュポテトにすると水っぽいよ」

そうした適切なアドバイスのおかげで、日本ではなじみのない種類にも挑戦できました。既成概念や先入観にしばられず、自由な発想で食材の可能性を引き出して料理できれば、日本でももっと多くの種類が店に並ぶようになるかもしれません。

ただし、そのためには、フランスの八百屋の主人のように、消費者が必要とする食材の特徴についての情報を提供してくれる存在が必要です。

日本では、農家も流通業者や小売り業者も、多くは現状の狭い選択肢に生産物を合わせようとしてきました。しかし、作るのに時間や手間がかかったり（病気に弱いといわれる下仁田ねぎ、飼育期間が長くてスペースも必要な地鶏）、曲がりやすくて日持ちが悪かったり（表面のシワと白いイボイボが特徴の四葉きゅうり）、束ねにくかったり（岩手県一関市で江戸時代から続く農法で作られた曲がりねぎ）と、生産や流通に都合がいいとはいえなくても、味は抜群にいい食材は、たくさんあります。

それらを意気込んで並べても、消費者が買わなければ、取扱いをやめざるをえません。消費者教育をきちんとできない生産・流通側の問題も大きいのです。

4 知識も増やし、
　変化を感じよう

　「自分の手を使って、自分の頭で考えて、失敗してもいいから、とにかくやってみよう！　さあやってごらん」
　そうは言っても、具体的な指示がないと動けない子どもも少なくありません。でも、食材の知識を増やし、調理方法、調理時間、調味方法などで味や見た目がどれだけ変わるのかを、実際に作って、食べて、知れば、料理を楽しめるようになります。

食材は豊富だけれど……

　日本ほど多くの食材が世界中から集まる国は、めったにありません。スーパーに行けば、各国から輸入された食材と食品が並んでいます。私は95年から、赤ちゃん連れでも参加できる料理教室を開いてきました。そこに参加している、一般よりは料理に興味があると思われる女性たちでさえ、まったく目にしたことがない食材がたくさんあります。
　また、親が料理に使わなかった食材は子どももあまり使わない、親が作っていた料理は子どもも作るという、かなり保守的な傾向も見られます。一方で、20代後半から40代前半の子育て真っ最中の世代で、家庭料理の伝統は途絶えがちです。
　ある友人の男性は、30歳前後の女性とスーパーで買い物をしていて、聞かれました。
　「これって、なあに？」
　「空豆にきまってるだろ」
　「ホントに？　ウソでしょ」
　彼女は、皮がついたままの空豆を見たことがなかったので、信じてくれなかったそうです。
　家で手伝いをする機会は、めっきり減りました。しかも、手

をかけずに調理できるように、皮をむいたり刻んだりした食材が、スーパーで増えています。あらかじめ骨を取って元の形に戻したサンマが話題になったのは、もう数年も前です。このままでは、畑で野菜がどんな姿で育っているのか、どんな花を咲かせるのか知らないどころの話ではありません。「サンマって骨があったんだ」と驚くおとなすら、きっと出現するでしょう。

食材に目を向ける工夫

そうした現状では、さまざまな食材に目を向ける人が少しでも増える工夫をしていくことが、大切になります。旅先で見かけた珍しい食材、郷土料理レストランで初めて食べた野菜、総菜売り場の料理に使われていた香辛料、給食で出た魚……。きっかけはいろいろあるでしょう。それらを食卓に取り入れてみることが、子どもたちの、そしておとなたちの食体験を豊かにしていくのです。

スーパーのジャスコを運営するイオングループは、食料品売り場を「食の図書館」ととらえて、売り場を舞台に子どもたちへの食育を展開しています。

「お客様のほとんどが、素材からできあがりの料理が想像できません。それで家庭での献立がマンネリ化し、結果として生鮮品の売上げが伸びないのです」(ある幹部)

そこで、食材を使ったレシピを配る、売り場に栄養士をおいて顧客の献立相談にのる、お薦め料理を試食してもらうなど、売上げを伸ばすさまざまな工夫をしています。また、麻婆茄子(マーボーナス)の素をなすの隣に並べたり、下ごしらえをして適度な大きさに切った魚、洗って見栄えよく並べた野菜、薄めればよい

だけの鍋用スープをセット売りにするなど、食卓をストレートにイメージできるしかけが求められてきているそうです。子どもたちが食材を知って、興味をもつように、売り場ツアーや栄養講座を企画したり、農業や漁業現場へのツアーも組んできました。

　お百姓さん、漁師さん、八百屋さん、魚屋さん、肉屋さん、田舎のおじいちゃん・おばあちゃん、学校の栄養職員……。さまざまな職業をもつ人たちが先生になってくれたら、食材に関する知識は飛躍的に増えていきます。家庭の食卓で「この葉っぱ何か知っている？」「今日のシチューの具はな〜んだ？」と声をかけるだけでも、子どもたちの意識は食に向かいます。

　地方や海外に行ったら、ぜひ市場をのぞいてみましょう。食文化の差を直に感じる、格好の学習の場です。そして、もちろん家の近くの食材店やスーパーや畑にも足を運んで、売り場や育つ場を見てください。

技術だけが大切なのではない

　「たくあんにすると、あまり好きじゃないけれど、おでんの大根は好き。なんで、こんなに味や匂いが違うんだろう」

　「ゆで卵と温泉卵は、どうして違うのかな。どうやったら温泉卵を作れるんだろう」

　こうした疑問に答えを出してくれるのが調理実習です。調理技術を学ぶことはもちろん必要ですが、技術は繰り返せば、上達します。教える側に求められるのは、「ある技術を学ぶと、何ができるようになるのか」に子どもたちが気づくような配慮です。

　私が高校生のときに受けた家庭科技能試験は、きゅうりの薄

切りを一定の時間に何枚きれいに切れるかが、おもな評価対象でした。たしかに包丁の技術は大切です。とくに日本料理においては、包丁の冴えが重視されています。でも、生徒の大半は、プロの料理人になるわけではありません。

　自らの食卓を将来まがりなりにも整えられるようになるためには、もっと身につけなければならない技があります。食材を見たときに多くの料理が思い浮かべられ、どう調理したらいいかの手順や方法を想像できる能力なしには、たとえ包丁が器用に使えても仕方ないと思いませんか。

調理による味わいの差に気づく

　子どもたちに知ってほしい基本は3つです。
①焼く、煮る、揚げる、蒸す、炒める、電子レンジで温めるなどの調理方法による食材の変化。
②醤油、塩、砂糖、味噌、酢などの調味料や肉、魚、野菜の種類など、さまざまな食材の組合せによる味の差。
③調理時間の長さによる食感や色の変化。

　自分が食べたい料理を作るためにも、レストランで好みの料理を注文するためにも、最低これだけは知っておかなければなりません。

　調理温度や下ごしらえでも味は変わります。たとえば、お湯の温度でお茶の味は変わるし、トーストをよく予熱したトースターでさっと焼くのと、予熱せずに焼くのとでは、味と食感の差は歴然です。また、揃えて切ったそばと太さや長さがバラバラなそばを食べ比べてみましょう。手でちぎって5分下ゆでし、空入りしてから煮るこんにゃくと、包丁で切ってすぐに煮たこんにゃくの味の染み具合や食感の差も、感じてみてくださ

い。

　こうしたことによって、なぜお湯を一度冷まし、茶器と茶碗を温めて時間をかけて緑茶を入れるのか、トースターを予熱するのか、なぜ包丁の技術を高めたり、下ごしらえに手間をかける必要があるのか、身をもって納得できるでしょう。

　また、私たちの多くは、調味料を入れる順番を「さしすせそ」（砂糖、塩、酢、醤油、味噌）と教わりました。

　①甘味を入れる前に塩気を入れた場合と、甘味を先にして塩気を後に入れた場合で、できあがりの味を比べる。
　②初めからみりんを入れた場合と、最後にみりんを加えた場合で、魚や肉の身の食感がふんわりしたり固くなったりすることを確認する。

　そうした差がなぜ出るのか、体験したうえで、理由を考えていくのです。

　調理方法は国や文化によって異なります。たとえばインゲンやほうれんそうなどは、日本では、しゃきっと茹でるのが「常識」です。ところが、欧米の多くの国では、クタっとなるまで、場合によっては茶色くなるまで茹でるのが「常識」です。しゃきっとしたインゲンが嫌いだった子どもが、「クタっとしたインゲンなら好きだ」と「発見」したことがありました。マヨネーズをつけて食べるブロッコリーは嫌いだったけれど、ケチャップをつけたら食べられた子どももいました。

　おとなが「え？」と首をかしげる組合せだとしても、「嫌いだったものが食べ方しだいではおいしくなるんだ」という気づきを評価してあげましょう。子どもたちの好き嫌いは、それで相当に解消でき、同時に料理の楽しさに目覚めていくと思います。

CHAPTER 2

五感をめざめさせよう

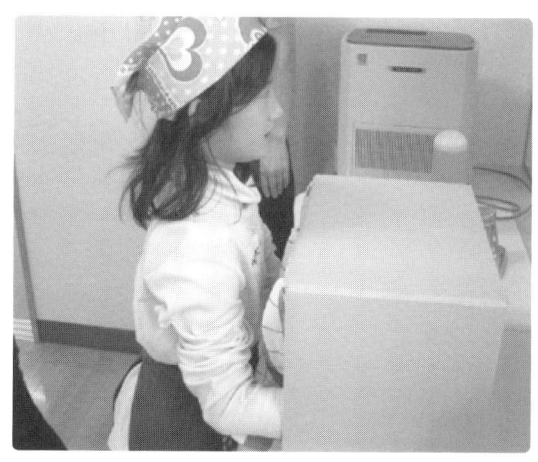

手触りだけで、何だかわかるかな？

1 意識して、五感を研ぎ澄ます

　最近、五感という言葉をあちこちで耳にするようになりました。「五感で味わうレストラン」「五感の宿」「五感健康法」「五感で楽しむ旅」など、さまざまなジャンルでキーワードとして使われています。もてはやされる理由は、私たちの生活で自分の感覚を研ぎ澄ます必要性が薄れているためではないでしょうか。

　商店街でも公園でも、スピーカーを使って絶え間なくセールストークやBGMを流し、まるで静かであってはいけないかのようです。レストランや喫茶店でも、BGMが流れていないところを探すほうがむずかしいほど。どこに行っても、音が用意されています。これでは、耳を澄ますどころか、むしろ耳を閉ざさざるをえません。

　また、建物も乗り物もエアコンでコントロールされ、暑い・寒いを感じることのない「快適さ」が用意されています。冬でもノースリーブを着ておしゃれを楽しめはしますが、鳥肌が立つ経験も、汗が吹き出る機会も、めったにありません。

　食べものについても、それは顕著です。きざんでパックにつめたネギや、皮をむき、下ゆでもすませて、そのまま鍋に入れるだけの冷凍食品など、本来の姿とはかけはなれた形で用意されるのが当たり前のようになっています。その過程で香りや旨味が薄れた分は、香料や着色料、さらには保存料など、添加物のおまけをつけて。

　このように、すべてが整えられ、いかにも清潔で安全そうな世界に身を置いていれば、感覚を鋭くする場面はそうそうありません。その結果、五感は体の奥にしまわれてしまう傾向にあります。これでは、感覚が鈍るのもしかたのないことでしょう。

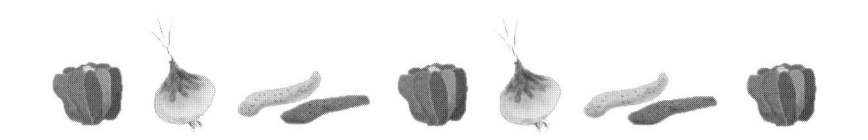

でも、だからといって、私たちの五感が錆びついてしまったわけではありません。田舎を訪れたときに聴こえてくる鳥の声、木々のさざめき、風のささやき、波の音。目に飛び込んでくる空のまぶしさ、緑の濃さ、空気の清々しさ。五感が解き放たれ、鮮やかな体験が記憶となっています。

　意識すれば、五感を研ぎ澄ましていくことは可能です。食の探偵団では、対象を深く感じて知り、自分自身の体験としていくために、五感をとても重要なものとしてとらえています。匂い、味、手触り、音、色などとともに刻み込まれた記憶は、それらを引き出すとき、くっきりと甦ってきます。文字や映像をとおして得た、言い換えれば他者をとおした情報や意見とは、この点がまったく異なります。五感は、体験を記憶に刻む入口であり、記憶を呼び覚ます出口なのです。

2 私たちの
　オリジナルプログラム

食の探偵団がめざしていること

　食の探偵団のプログラムは、五感を使って食の記憶を豊かにすることから始め、自らの感性でよりよい食を選び取る力を養い、偏見なく食を楽しめるように心がけています。そのために工夫しているのは次の4点です。
　①ゲームや遊びの感覚を取り入れる。
　②異年齢のメンバーで構成する。
　③参加者ひとりひとりが探り、感じ、考え、表現する時間となるようにする。
　④一つの角度だけでなく、いろいろ比較できるように、複数の視点やアプローチを取り入れる。
　食の探偵団のプログラムは、一つの正しい答えを出すものではありません。一方的に教えを受ける「お勉強」でもありません。団長や副団長はあくまでも食の世界への案内役であり、参加者が主体です。だから、待ちの姿勢でただ参加しているだけでは、たいした変化は起こりません。
　言われたことをこなすのに慣れていると、初めはとまどうかもしれません。でも、とにかく自分の感覚を働かせ、手や頭を動かしてみてください。すると、自分で探ることは決してむずかしくはなく、むしろ発見する喜びと結びついた楽しいことだと思えるのではないでしょうか。実際、子どももおとなも、遊び感覚で参加しているうちに、嫌いと思っていた食べものも調理方法しだいでおいしく食べられたり、まさかと思う組合せの料理がおいしかったり、思い込みや先入観に少なからずとらわれていたことに気づきます。そして、自分の感覚で素直に感じ取れるようになっていきます。

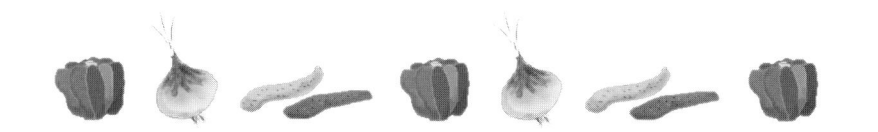

子ども版とおとな版の相乗効果

　当初は子ども向けのプログラムとして始めましたが、子どもの食を預かるおとなたちが食を見直すことも必要であると考え、現在はおとな版も行っています。プログラムの基本は変わりません。ただ、おとな版では、家庭での子どもとの日常のなかにすぐに取り入れられる食育のヒントを盛り込むようにしています。

　子ども版とおとな版があることで、思わぬ効果も生まれます。おとな版の参加者の一人が、こんなふうに声をかけてくれました。

　「以前、子どもが食の探偵団に参加してとても楽しかったと話していたので、おとな版の開催を知り、参加してみました」

　名前を聞いてみると、何度か参加してくれた子どものお母さんです。おとなから子どもへの影響が大きいなかで、子どもからおとなへという通常とは逆の道筋で広がりができたことは、予期せぬうれしい収穫でした。

　子ども版とおとな版のプログラムの基本構成はほぼ同じなので、感じたことをお互いに話し合うきっかけにもなります。参加後に、今度は家庭内で、子どもとおとなが同じ土俵で影響し合えたら、私たちの役目の第一段階はほぼ完了といったところでしょうか。

　なお、以下に紹介していくプログラムは、記載した順番どおりにやらなければいけないというものではありません。興味をもてそうなものを選んで、とにかくやってみていただければと思います。

○身近な素材の味比べ①　比較してみよう

　私たちの食生活に欠かせない食材の味比べをします。利き酒よろしく、数種類並べて、違いを探り出してみましょう。
　取り上げるのは、たとえば味噌や塩、そして子どもたちが好きなジュースや牛乳。これらは日々の食卓に頻繁に登場していますが、数種類を比べて味わう機会は意外と少ないものです。ここでも大切なのは五感。見た目、香り、手触り、舌触り、味と、さまざまな視点から味わい分けてみましょう。初めは全然わからないと思っても、じっくり集中すれば、きっと細かい違いが発見できます。
　味噌は、甘口・辛口という味、白・濃い赤など色、米麹・麦麹など材料、ねかせた年数などによって、違いが比較的わかりやすく、味わいにも奥行きがあります。地域性も現れやすい食材なので、ぜひ試してみてください。
　塩は最近、国内産から海外産まで多品種が店頭をにぎわすようになりました。粒の大きさや色もさまざまです。たとえば、地中海と沖縄の海で採れた塩はどのくらい味が違うか、興味深いと思います。
　牛乳は見た目の差はほとんどありませんが、味わいにはかなりの差があります。サラっとしたもの、バターのような風味……。味比べをした後、製法の違い(殺菌方法、脂肪の均一化処理の有無など)との関係を確かめてみるのもいいですね。
　ジュース類は、ストレートか濃縮還元か、果汁の含有割合、果実の産地・品種という比べ方、メーカーごとに比べるなど、いろいろできます。
　そのほか、砂糖、粉類、油、ケチャップ、マヨネーズなど、さまざまな素材で試してみましょう。

2　私たちのオリジナルプログラム

♪ねらい♪

　味噌や塩とひとくくりにしてしまいがちな食材も、実に多種多様。メーカーや値段による違いは、どこにあるのでしょうか。原材料や産地に注目したり、店頭に並ぶまでの時間、どういう人たちの手を通って来たかについて考えてみることも、ときには必要です。いつも使う食材だからこそ、きちんと知っておきたいですね。

♪家庭でのヒント♪

　家庭では、同じ食材を何種類もそろえるのはなかなかむずかしいもの。そこで、持ちよりテイスティングパーティーを企画してみてはどうでしょう。

　数家族に声をかけ、それぞれの家庭で使っている味噌や塩を少しずつ持ち寄ります。ホスト役の家庭が用意するのは、スティック生野菜。持ち寄った味噌や塩を添えれば、数種類のディップ(クラッカー、パン、野菜などですくったり浸したりして食べる)が並んだようで、パーティーの立派なオードブルにもなります。味噌や塩についてあれこれと意見を出し合って、会話が弾むことでしょう。

味噌にもいろいろあるんだね！

○身近な素材の味くらべ②　何からできてるの？

　味比べをしながら、それが何からできているかを当てるゲームは、食の探偵団で人気です。原材料が異なるものをいくつか用意。なかには、かなり難問と思われるものも入れ、正体をつきとめます。
　たとえば、油を例にすると、なじみのある大豆油や菜種油をはじめ、ごま油、コーン油、エクストラバージンオリーブオイル、くるみ油、ピーナッツオイル、お茶油など。初めて出会った油でも、ほのかな香りや色から食の記憶をたどり、正解を導き出す人が必ずいます(全問正解はなかなかいませんが)。
　酢は、ブドウ、フランボワーズ(ラズベリー)、リンゴ、イチジクなど果物から作られたもの、米やモルト(麦)など穀物から作られたものなど、種類が豊富です。フランボワーズビネガーを味わっていると、必ず「ベリー系の香りがする」という声が聞こえてきます。とくに果物が原料の酢の場合、香りが正解への重要な要素のようです。
　このゲームでは、知っている味だけど何かがわからなかったり、こんな原料の油や酢が本当にあるのかなと思いながらも正解だったり。いつも、参加者全員が首をひねりつつ何度も何度も試食し、答え探しに夢中になっています。

♪ねらい♪

　味わい分けに加えて、素材探しの要素が加わります。食の記憶の引き出しをあちこち開けながら答えを探し、見つからない場合は新たに記憶に刻むことになります。

　また、気候風土による差が生み出してきた素材の違いも興味深いものです。酢を例にすると、ヨーロッパ大陸ではワインビネガー（ブドウ）がおもに使われ、ドーバー海峡を超えてイギリスに行くとモルトビネガー（麦）。日本では米、フィリピンではココナッツ。国による食文化の違いが、よくわかるでしょう。

♪家庭でのヒント♪

　いつものサラダや酢の物に使っている油や酢を変えてみませんか。素材の違いを知って、料理への生かし方を楽しく工夫してみてください。

生姜のジャムは初めて。グレープフルーツもおいしい。

○味わいの言葉と食べものの連想ゲーム

　しゃきしゃき、ぷりぷり、ベトベト、ねっとり、しっとり、まったり、あっさり、こってり、コシがある、こうばしい、とろけるような。

　味わいを表現する言葉は多彩。しかも、おもしろい響きをもったものがぞろぞろとあります。

　ゲームの題材は、食べものであれば何でもかまいません。たとえばジャガイモなら、設問は「ふかしたジャガイモ」からどんな言葉を連想する？　そして、ホクホク、あつあつ、ほっこり、ほかほかなど、連想した言葉を発表してもらうのです。

　反対に、「つるつる」「ぷるぷる」など味わいの言葉を示して、食べものを連想してもらうことができます。いろいろな答えが、参加者の記憶と感覚のなかにあります。

　このゲームが楽しいのは、意外な答えの登場。感覚の違いのおもしろさに、はっとさせられます。たとえば、こんなことがありました。

　「マシュマロ、肉まん、蒸しパンから連想する言葉は？」

　私たちは、「ふわふわ」とか「柔らかい」という答えを想定していました。ところが、「草原」という言葉が出てきたのです。そう答えた男の子は、食べものとともに記憶されている光景が浮かんだのでしょう。「きっと、肉まんを持ってピクニックに行ったことがあるのだろうな」と、こちらの想像が膨らみ、とまどいを忘れて、うれしくなりました。

　『暮らしの言葉　擬音・擬態語辞典』(山口仲美編、講談社、2003年)に、おもしろい言葉がたくさん紹介されています。参考にしてみてください。

2 私たちのオリジナルプログラム

♪ねらい♪

いまの日本には、万人の好みに合わせるために、画一的な味わいの食べものが氾濫しています。味が画一的になると、食の表現も画一的で限られたものになりかねません。このゲームのねらいは、味わいを表現する語彙を増やすこと。差を感じられなければ、言葉も不要になってしまいます。逆に言えば、語彙が少ないと、差を感じにくくなることにつながるでしょう。

♪家庭でのヒント♪

食卓に上った食べもののひとつを取り上げ、「きょうのほうれん草の茹で加減はどう？」などと問いかけてください。

「しゃきっとしてるね」「くたっとしてる」「緑色がきれい」

そんな答えが返ってくれば、料理のやりがいもあります。

また、買い物に出かけたときは、お店に並ぶ商品（たとえば、せんべい、たけのこ、かき氷など）を題材に、それを表す言葉をいくつ言えたかや速さを親子で競ってみるのも楽しいですね。各地の言葉（方言）による表現も、試してみてください。

もっと言葉を思いつく人、手をあげてー！

第2章●五感をめざめさせよう

○宇宙人に伝えてみよう
　じっくり観察し、ていねいに話す

　ひとつの食べものをなんとなく食べるのではなく、見て、触って、匂いをかいで、ときには音を聞いて、そして味わってみるプログラムです。ふだんはとくに気にせず口にしている食べものを、時間をかけて観察しながら味わい、多面的に特徴をとらえます。次に、自分が観察して感じ取ったことをどのように話したら知らない人にわかりやすく伝えられるか、自分なりに言葉を探します。
　友だちと相談せずに、自分自身の感覚(五感)に何度も問いかけながら観察し、自分の言葉にしていくことがポイント。しばらくしても記入用紙が白いままのときは、「お友だちと違うことを書いても、おかしくないよ」「なんでもいいから、自分が発見したことを書いてみてね」と声をかけて、あらためて集中してもらいましょう。
　そして、友だちが観察した内容はみんなで真剣に聞きます。甘栗の観察からは、こんな言葉が出てきました。
　「表面はちょっとベトベト、色は茶色で、つやつやしている」
　「振ると音がする」
　「爪で割ると、中身は黄色っぽい」
　「内側に薄い皮のようなものがある」
　「食べると甘くて、ほくほくしている」
　毎回、ホワイトボードに書ききれないほど出てきます。
　「探偵団に参加してから、『このみかんには白い糸のようなものがたくさんついてるね』などと言うようになり、食べものに興味がわいてきているようです」
　家族の方からの、こんな反応も届いています。

2 私たちのオリジナルプログラム

♪ねらい♪

おもなねらいは3つです。

①食べるとき、味わうときに、味覚だけではなく五感を使っていることを自分の体で確認する。

②五感をフルに使って味わい、正確に記憶としてとどめる。

③自分の言葉で表現する。

加えて、観察した内容を発表し合い、他人の意見を聞くことによって、自分が気づかなかった味わいを知り、自分とは異なる表現を学びます。

あふれる情報に左右されるのではなく、自分がどう感じるかを大切にし、食の記憶を積み重ねていけば、食の世界を豊かにできるはずです。食をきっかけに、生きることにきちんと向き合う姿勢も育てられると考え、おとなも子どもも、必ずこのプログラムを行っています。

♪家庭でのヒント♪

食べものさえあれば、いつでもできます。たとえば、遊びに出かける車中は絶好の時間です。

友だちや家族みんなで楽しむには、ゲーム形式がお勧め。2つのチームに分かれて、それぞれが違う食べものを観察します。そして、観察結果を話して、相手チームがその食べものの名前を当てられるかどうかを競うのはいかがでしょうか。

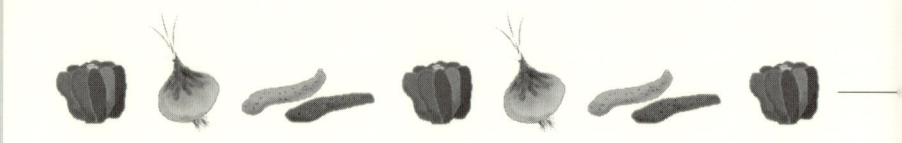

○食べものがおいしくなる不思議

　調理時間、調理法、調味法によって同じ食材がどう変わるのかを実際に作って味わってみるプログラム。取り上げるのは身近な食材です。一般的な方法と、ちょっと風変わりな方法で、比べてみます。

　たとえば、ゆで卵。3分、5分、7分、固ゆでを作りながら、時間によって何がどう違うのか観察。ゆであがったら、いくつかの調味料を用意して味わいます。あるときは、塩、マヨネーズ、ケチャップ、黒酢、クミン塩（カレーに欠かせないスパイスのクミンをパウダーにし、塩を混ぜる）、砂糖、醤油を用意しました。

　クミン塩は、チュニジアでポピュラーな調味料で、初めて口にする子どもがほとんど。でも、「一番おいしい！」という意見が何人からも出ました。黒酢については、さすがに卵との相性が悪かったのか、全員「最低」の評価。

　「ゆで卵も砂糖も好きだけれど、いっしょに食べるとおいしくない」

　「マヨネーズとケチャップを混ぜるとおいしい」

　自分の舌で確かめた意見が飛び交いました。

　おいしさについては、試食せずにイメージで出した答えと、実際に作って食べてからの答えは、違っているかもしれません。

　「インゲンはクタクタとシャッキリと、どっちがおいしい？」

　「鮭はどう料理する？　ムニエル、塩焼き、レンジでチン、それともゆでる？」

　いろいろ試してみましょう。

2　私たちのオリジナルプログラム

♪ねらい♪

　包丁をはじめとした調理道具や火を使って、基本的な調理を自分たちで行います。小さな子どもが包丁や火を使うことを心配するのは、無理もありません。でも、よく気をつけるように注意しておけば、時間はかかりますが、小学校1年生でもしっかりと使いこなせます。

　調味法による違いを取り上げるのには、2つの目的があります。ひとつは、基本的な味を知ること。もうひとつは、なじみの薄い食材を含めて組合せのおもしろさを体験して、先入観をなくすことです。

　初めて見るからイヤというのではなく、自らの舌で判断する姿勢を育てたいと思います。見知らぬ地域や国の独特の食文化にふれたとき、ネガティブな先入観がなければ、コミュニケーションにも一役かえるでしょう。

♪家庭でのヒント♪

　本や雑誌、インターネットなどで、各国の料理をかんたんに知ることができます。ヨーロッパでは野菜を日本人の感覚としては驚くほど時間をかけ柔らかく煮て食べるとか、ドイツではフライドポテトにマヨネーズをつけるなどという記述を発見したら、新しい味を試してみてください。子どもたちと地図を前に試食すれば、食の世界旅行ができます。

○自分の料理を描いて作ろう

　子どもたちがオリジナルレシピを考えて、作ります。全員の真剣さが光り、熱中度・集中度ともに、プログラムのなかで一番！　プラン決定までと調理に分けて、2日間で行います。
　テーマは、たとえばおにぎりやサンドイッチ。何にするかが決まったら、オリジナルレシピ・プロジェクトの始まりです。まずひとりひとりがレシピを自由に考え、画用紙に絵と言葉で書いていきます。プランができたら、グループごとにどれを作るかを話し合って決定。ここまでが1日目です。
　調理の日、しっちゃかめっちゃかになるかと思いきや、グループで協力する姿が目立ちます。材料を切る人と混ぜる人の分担をし、率先して洗い物をする子どももいます。最後の仕上げがなかなかイメージどおりにいかなくてもあきらめず、思うような形になるまで何度もトライする姿も印象的。
　串刺しのおにぎり、チャーハンのおにぎり、高菜と海苔（のり）で2重に巻いたおにぎりなど、どれも豊かな発想でおいしそう。試食では、全員が大満足で完食することはいうまでもありません。

「ぜったいおいしいの作るぞ」。ぼくのおにぎり計画中

2　私たちのオリジナルプログラム

♪ねらい♪

　レシピを考える過程には、食材の知識・記憶をもとにした組合せ、どんな形にするか、どんな手順にすれば計画どおりのものができるか、盛り付け方、などが含まれます。おにぎりっぽくないとか、形にするのがむずかしそうなどといったおとなの固定観念にしばられないでください。子どもたちの自由な発想に任せ、プランに極力手は加えません。

　調理段階でも口出しせず、手伝いは最小限にとどめています。自分で考え、工夫して、最後まで完成させることが、何より大切。そして、そのプロセスにあるおもしろさが発見できるプログラムです。子どもたちは、自由に考えて、それを形にしていくことが大好きなんだと、実感します。

♪家庭でのヒント♪

　休日のお昼に、冷蔵庫やキッチンにある材料を使って、家族でサンドイッチパーティーをしてみましょう。冷蔵庫には、ジャム、ハム、野菜、納豆、海苔の佃煮、味噌、漬物……。戸棚には、リンゴ、オイルサーディン、ツナの缶詰……。火を使わないで、そのまま食べられるものも、かなり発見できるのでは。

　それらをずらっと食卓に並べ、手巻き寿司のような感覚で、自由にはさんでみたり、巻いてみたり。意外な組合せにおいしさを発見するかもしれません。

　何度か行い、成功と失敗を繰り返すうちに、味の記憶が積み重ねられていきます。それをベースに、プランから始めるお弁当やランチ作りにもチャレンジしてみてください。

第2章●五感をめざめさせよう

○自分でも作れる！ 手作りに挑戦

　食の探偵団では、食材作りにも挑戦しています。子どももおとなも買うのが当たり前と思っている人が多いケチャップやマヨネーズは、実際に挑戦してみると、思ったより簡単に作れます。手作りの楽しさとおいしさを知ってしまうと、少しくらいの手間は仕方がないと思えるかもしれません。

　先日ケチャップを作ったときは、近所の農家の協力を得られ、朝採りのトマトを持ってきていただきました。まず、トマトができるまでのお話をうかがい、それからケチャップ作りに挑戦です。

　熱湯の中にトマトを入れると、トマトの皮がツルッとむけます。この湯むきには、全員が興味津々。ちょっとした料理の技が、子どもたちを夢中にさせます。煮詰めていく作業はちょっと熱くて大変でしたが、最後まで慎重にやって完成。他の班が作ったケチャップ、市販のケチャップと食べ比べた感想は、「自分の班のが一番おいしい」でした。

熱いから気をつけて！皮がツルッとむけて、あ、おもしろい！

2 私たちのオリジナルプログラム

♪ねらい♪

　スーパーに行くと、こんなものまで！と驚くようなものが売られています。冷凍食品コーナーには、きんぴら、切干し大根の煮物、ごま和え、魚の照り焼き、焼肉まで。すべて手作りでと言う気はありませんが、ごく当たり前のこうした料理が、家庭でほとんど作られずに食卓に並ぶとしたら、疑問を抱かずにはいられません。

　すべてが商品化されてしまう現在、家庭で受け継がれてきた味や作り方がどんどん失われています。「焼きナスって、家でも作れるんですね」と言う人がいました。その人にとって焼きナスは、冷凍食品として買うものだったのですね。

　また、自分で作れば、材料に何を使っているのかがわかります。マヨネーズを作ったときは、「こんなに油を使っているんですね。使う量を考えなくては」という、おとなの感想がありました。手作りしてこその実感です。塩加減やプラスアルファの味付けなど好みに合わせられるのも、手作りのよさです。

♪家庭でのヒント♪

　マヨネーズは、材料が少なく、火も使わず、簡単なので、お勧め。フレッシュジュースは、果物をしぼるだけ。柑橘系なら、レモン絞り器でもできます。ジューサーがあれば、季節の果物を選んで、スイッチを入れる。それだけでも、子どもたちにとっては、自分で作ったという充実感を得られます。

　もう少し頑張ろうという家庭では、豆を煮るのはいかがでしょうか。一晩水につけておくとパンパンに膨らむ様子から、子どもたちに見せてあげてください。

第2章●五感をめざめさせよう

○香りあてクイズ

　日常生活では、私たちは視覚をはじめ五感を組み合わせて、ものを認識しています。味覚は嗅覚(きゅうかく)に影響を受けることもしばしば。目をつぶり、鼻をつまんだ状態で食べると、何を食べたのか言いあてるのはむずかしいものです。でも、嗅覚は単独でもかなりの精度をもっています。意識することとたくさんの体験をすることが、嗅覚の発達には欠かせません。さて、どこまで嗅覚を研ぎ澄ませられるでしょうか。

　湯飲みぐらいの大きさの入れ物に食材を入れ、アルミホイルなどでふたをして、小さな穴をいくつかあければ、準備完了。香りだけで食材を当てるゲームです。

　納豆、たくあん、海苔、三つ葉、ユズなど、なんでもOK。ユズとレモンの違いは目で見ればすぐ区別できますが、匂いだけとなるとなかなか難問です。

知っている匂いなんだけど……

2　私たちのオリジナルプログラム

♪ねらい♪

　嗅覚だけを使い、匂いを深く意識します。自分の内部にある匂いの記憶をたどって、呼び起こしてみてください。

　高田明和・浜松医科大学教授は、「視覚についての遺伝子は３つ。味覚は５つ。ところが匂いについては５００〜７００もあることがわかりました」と言っています。「全部で３万しかない遺伝子の約２％を、匂いに関する遺伝子が占めて」おり、匂いを感知した信号を運ぶ嗅神経は、脳内の記憶や感情を司る場所へと直接到達しているそうです（前掲『五感生活術』27〜28ページ、参照）。

　つまり、記憶と感情と直結している匂いは、その人の体験や文化を反映しやすいのです。たとえば、納豆の匂いをイヤと感じる日本人は少ないですが、外国人にとってはイヤな臭いになります。また、ご飯を炊く匂いは、日本人はとくに強いとは感じません。しかし、米を主食としない国の人たちがアジアの空港に降り立つと、まず炊いた米の匂いを感じるといいます。

　また、最近ではアロマテラピー（植物から抽出された精油を用いて、心や体の健康や美容に役立てる自然療法）が注目を集め、香りが暮らしのなかで活用される機会も多くなりました。食べものに限らず、匂いを意識してみると、想像以上に私たちに影響を及ぼしていることに気づくでしょう。

♪家庭でのヒント♪

　湯のみにアルミホイルをかぶせ、楊枝でいくつか穴をあければ、簡単にできます。あとは、中に食材をしのび込ませるだけ。さまざまな食べもので試してみてください。

○手触りクイズ

　小さな子どもたちは、ものを確かめるとき、本能的に触ろうとします。泥んこ遊びが大好きなのは、手や肌から伝わる感覚や心地よさに貪欲だからかもしれません。一方おとなになると、触る前に見た目で判断して全体像をつくりあげてしまうこともしばしばあるのではないでしょうか。

　さて、これはブラインドボックス（外からは中が見えないようにした箱）に食材を入れて、手の感触だけで当てるゲームです。食の探偵団でも大人気！「もう一回触ってもいい？」と何度も確かめにくる子ども。「毛のようなものがあるんだけど、何だろう」と分析しながら触る子ども。なんとか答えを導き出そうと、みんな一生懸命です。

　中心は、柿、ユズ、里イモ、カブ、ゴーヤなど季節の野菜や果物。ときには、料理になった状態は知っていても、調理前の姿と結びつけにくい乾物（棒寒天、高野豆腐、かんぴょう）を入れます。

え？　これ何？　こんな食べものある？

2 私たちのオリジナルプログラム

♪ねらい♪

　触覚をとぎすますのが目的です。手触りといえど、侮ってはいけません。指先の感覚は、数ミクロンの厚みの違いをも言い当てられるほど繊細なのだそうです。ちょっとおもしろい話を見つけたので、紹介しましょう。

　「東海林　それで思い出したんだけど、僕、前にカレーを手づかみで食べてみたことがあるの。これが気持ちいいの。いざ手を突っ込むまですごい躊躇があるけど、一旦突っ込んじゃうと、もう大丈夫。

　赤瀬川　あ、そうお？

　東海林　指の繊細さってお箸どころじゃないよ。まず触っているときに、既に味覚があるの。こういう舌触りになるなってわかる。前戯みたいのものですよね。普段、我々は前戯無しで食ってるわけ」(東海林さだお・赤瀬川原平『ボケかた上手』新潮社、2003年)。

♪家庭でのヒント♪

　箱を大きめのタオルやふろしきなどで覆い、即席ブラインドボックスをつくって、子どもたちといっしょに楽しんでみてください(ボールをふせただけでもOK)。食の探偵団ではベトベトするものやグチャグチャするものは試しづらいのですが、家庭で状況が許せば、ぜひやってみてください。

　思い切って、カレーを手で食べることにも挑戦してみましょう。インドの人のように、手だけできれいに食べるのはなかなかむずかしいようですが……。

○変幻自在レシピ(おとな版)

　ひとつのレシピを変幻自在に活用し、いくつもの新しい料理を作り出す工夫です。料理には、「酸味」「甘み」「香り」など基本となる味のポイントがあります。そこに焦点をあて、たとえば酸味の出し方を変えてみるのです。あるいは、同じ調味料や作り方で、使う食材を変えてみましょう。それだけで、味わいが違う料理が生まれます。

　たとえば、酢と醤油を使った「アドボ」というフィリピンの煮込み料理があります。その酢を、梅干、パイナップル、タマリンド(豆科の植物。アジアでは料理やお菓子に実をよく使う)など、酸味を出す別の調味料に変えてみましょう。あるいは、酢と醤油は変えずに、食材を鶏肉、豚肉、イカと変化させても、まったく別の料理に変身します。

　マリネだったら、オイルやビネガーの種類や、漬け込む食材を変えてみましょう。さらに、ハーブやスパイスなどで香りをプラスすれば、たくさんの新しい料理ができます。

見た目も香りもぜんぜん違う!

2 私たちのオリジナルプログラム

♪ねらい♪

　甘味を出すのは、砂糖やみりんだけではありません。果物も使えます。苦味と甘味だったら、マーマレードが思い浮かびます。そんなふうにパズルのように考えてみると、料理が創造的で、楽しく感じられませんか。

　毎日の食事作りに追われる主婦(夫)は、時間的にも精神的にもなかなか余裕がもちにくく、同じ献立がテーブルにのりがちです。でも、基本の味(五味)や調理方法など何かにポイントをしぼって変えてみると、レパートリーに広がりができるはず。家での献立にバラエティーがあると、子どもたちの食への関心もおのずと広がっていきます。

　参加者からは次のような感想が寄せられ、日々の料理作りを楽しむヒントになっているようです。

　「お料理が、毎日やらなければいけない仕事というより、楽しい実験の場と思えるようになりました」

　「○○だからこれを入れるというありきたりな発想から脱して、新しいものが作れそうです。料理の楽しさに目覚めそう」

♪家庭でのヒント♪

　変幻自在レシピは、気がつかないうちに各家庭で行っているはず。その代表は、お漬物やお味噌汁です。同じ糠床(ぬかどこ)に、きゅうり、なす、人参、キャベツと、いろいろな材料を漬け込んでいます。お味噌汁は、豆腐、野菜、魚、きのこと具を変えたり、赤味噌、白味噌、合わせ味噌とバリエーションを楽しんでいますよね。固く考えずに、本や雑誌に載っているレシピを変幻自在させてみましょう。

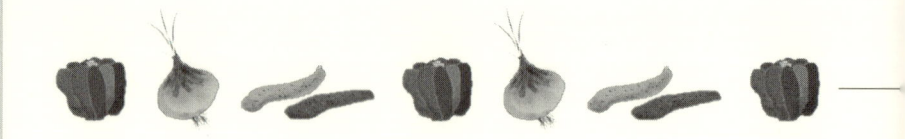

○おとなだけの味覚を楽しむ（おとな版）

　子どものころはきらいだった食べものが、いつのまにか好物に。だれでも、一つや二つはあるはず。みょうが、ふきのとう、うに、レバー……。食べられるようになったのは、おとなの味覚に成長した証（あかし）です。
　未知の食べものに何度も出会い、同じ食べものを何度も味わうなかで、私たちはだんだんにより多くのものを受け入れられるようになっていきます。甘いもの、ケチャップやソースなどはっきりした味を好む子どもの味覚から、切干大根や高野豆腐のしみじみした味わいや、ふきや菜の花など春野菜の苦味をも楽しめる、おとなの味覚へと。
　ここでは、いくつかの特徴ある味をもつ食べものを選んで、よく味わい、甘味、塩味、酸味、苦味、旨味の度合いを自分で感じたとおりにチャートに書き込んでいくのです。たとえば、次の５つを取り上げてみます。
　①チョコレート。
　②子どもにはやや食べづらい、マーマレード。
　③おとなになってから好きになる場合が多い、きゃらぶき。
　④最近は飲めない子どもが多い緑茶。
　⑤ちょっと変わったところで、フェンネルシード（セリ科の植物で、魚料理などに使われるスパイス）。
　子どもが大好きなチョコレートに苦味を、子どもがあまり好まないきゃらぶきに甘味を、感じ取ることができるはずです。

2　私たちのオリジナルプログラム

♪ねらい♪

　最近は、おとなと子どもの味覚の差が少なくなってきたようです。でも、いくつになっても好物はカレーにハンバーグだけでは、寂しくありませんか？　味覚が成長してこそ、味わって楽しめる食べものがたくさんあります。日本の食生活に欠かせないだしや緑茶をしみじみおいしいと思える味覚を、失ってほしくありません。また、初めて出会った食べものを最初から敬遠してほしくありません。味覚の世界を広げて、おとなの味を楽しみましょう。

♪家庭でのヒント♪

　おとなならではの味覚を、子どもたちにぜひ自慢してください。家庭では、食事を子どもたちの嗜好に合わせがちなのは仕方ありません。ただ、ときにはおとなの好物も一品は加え、おいしさを伝えてみましょう。
　「うにのかすかな苦味と、とろりとした甘味がたまらない」
　「ふきのとうやたらの芽のさわやかな苦味は、春を感じる」
　こうしたおとなの味わいを、子どもたちにも知っておいてほしいと思います。
　また、熱湯、適度に冷ました湯、冷出しと、茶葉によって抽出方法を変えるのは、手軽にできるおとなの楽しみ。コーヒーの豆の違いを味わったり、シングルモルトの奥深さを舌でころがしながら楽しんだりも、貴重なおとなの世界です。

第2章●五感をめざめさせよう

○自分だけのおいしいもの記録をつくってみよう

　ふるさとのお雑煮、おばあちゃんのオムライス、駄菓子屋のきなこ飴、初めて食べた外国の味。自分にとって思い出深い味は、不思議とくっきりとした記憶がいっしょに思い起こされませんか。
　作家の角田光代氏が「味覚と記憶」というコラムを書いていました。
　「味覚と記憶というのは、存外密接につながりを持つと私は思っている。私は家計簿にその日食べたものを書きこんでいるが、四年前の何月何日をぱっと思い出すことは不可能なのに、『今まで食べたなかで一番辛い麻婆豆腐』というメモ付ならば、舌のしびれとともにその日の天気もできごとも容易に思い出すことができる。そして当然、だれかとともにそれを食していたならば、その人の顔もくっきり思い出す。(中略)
　はじめて食べた烏骨鶏の味を思い出そうとすると、真っ先に頭に浮かぶのはともにそれを食した人々の、笑い酔った顔である。ナマコも山羊もしかり。
　ピーマンをはじめて食べたのは小学校5年生のときだ。遊びにきていた叔母が、ピーマン炒めを作ったのだった。おそるおそる口に入れたら思いの外おいしかった。叔母は得意げな顔で私を見ていた。曇った夕方のことだった。叔母はもうおらず生まれ育った家ももうないが、この記憶はすり減らない」(『日本経済新聞(夕刊)』2003年12月25日)
　「食の探偵団」のプログラムでは、自分の思い出の味とそれに伴う記憶をなるべく詳しく、形式にこだわらず書き出してみます。それによって、ふだんは忘れてしまっている自分の味覚のふるさとにふれられるからです。

2　私たちのオリジナルプログラム

　都会育ちではない私は、ある時期に決まって食べたくなるものがあります。それは、春のたけのこと、秋の栗。季節ものなので当たり前といえば当たり前ですが、子どものころ食べていたのは、近所や親戚の人がおすそ分けで持ってきてくれる採れたてでした。
　たけのこはよく煮物で登場しました。加えて、皮に梅干をはさんでしゃぶるとじわじわと梅干の味が染み出してきたことが、はっきり思い出されます。おやつとしてひとつひとつむきながら食べた栗は、味に当たりはずれがありました。これで最後と思っても、その味がいまひとつだと、ついもう一つ手を伸ばしてしまいます。この二つは、買って食べるものという感じがいまだにありません。

♪ねらい♪
　記憶に刻まれた味の思い出は、その人の味覚のベースとして体に染み込んでいます。その記憶は、書きとめてみると明確になり、さらに次の新しいものを受け入れる裾野を広げていきます。自分自身の味覚のふるさとを確認してみてください。

♪家庭でのヒント♪
　食の日記をつけてみましょう。毎日でなくて、かまいません。何か気になったとき、初めての味に出会ったときだけでもいいと思います。子どものお弁当を毎日写真に撮ってみるのも、日記代わりに楽しいのでは？

3 食の探偵団の一日

子ども版

　夏休みが始まってすぐ、横浜市の地区センターで行われた全館イベントに参加しました。ふだんは気づかずに通り過ぎてしまいますが、都市近郊なのに意外に畑が多い地域です。近所の農家の方に協力していただき、畑と食べもののつながりもプログラムに盛り込みました。

エプロンと三角巾を身に付け、手を洗えば、準備完了。
10時　宇宙人に伝えてみよう
　まずは、静かに、じっくりと、枝豆を観察。「表に毛みたいなものがはえている」「表側は少し濃い緑で、中は薄い緑」「食べると少し甘い」「指でつぶすと、ぐちゃっとつぶれる」
　たくさんの言葉が出てきました。みんな自分の言葉で発見したことを発表します。
　そこで質問。「みんなの言葉は、体のどこを使って、発見できたのかな？」
　それぞれの発見について、「毛みたいなものはどこでわかったの？」「甘いは？」と問いかけ、目、鼻、耳、手、口のどこを使ったのかを確認します。

10時20分　枝豆を作っている農家のおじさん登場
　枝豆は、近くで農業をしている石原一男さんが朝収穫して、持ってきてくれたものです。枝豆やトマトの作り方、農作業で大変なこと、楽しいことなどをうかがいました。

10時半　ケチャップを作ってみよう
　石原さんのトマトを使って、ケチャップを作ります。包丁や火を使うので、ふざけないことと注意してやることを全員で約束して開始。料理をしなれない子どもたちにとっては、トマトの湯むきひとつも大変な仕事です。熱い鍋に注意しながらトマトをすくう動作は真剣そのもの。やけどしないような注意も必要です。
　湯むきしたトマトを切って鍋で煮詰めていく作業は、少しむずかしかったようです。煮詰まってくるとトマトがボコボコ音

を立て始め、鍋の熱さも増していきます。それでも、みんなで交代しながら、最後までやりとげられました。

11時10分　ケチャップの試食
　フライドポテトに作ったケチャップをつけて試食です。自分たちのケチャップ、他の班のケチャップ、市販品を食べ比べました。残りはビンに詰め、家に持ち帰ります。ある女の子は、そのケチャップをお母さんに渡して、「きょう、これでオムライスを作って」とお願いしたそうです。
　次のゲームに移る前に、ケチャップ作りに使った鍋、まな板、包丁などを片付けます。いつのまにか、洗う子ども、拭く子ども、元の場所に戻す子どもなどの役割分担がされ、テキパキとした動きを見せてくれました（さぼっている子どもがいないわけではありませんが）。

11時40分　手触りクイズ
　ブラインドボックスの中に入れたのは棒寒天。正解は半分程度でした。なじみが薄いのか、少しむずかしかったようです。

11時50分　匂いあてクイズ
　みょうが、しそ、ミント、バジルの匂いあてに挑戦。この季節には比較的よく目にするものですが、おとなでも苦労するかなりの難問です。
　「なんだか知ってるような気はするんだけど……」
　正解までたどりつけない子どもが大半でした。

12時　終了
　全員で片付けをして、おしまいです。

　最後に、お母さんから寄せられた感想を紹介しましょう。
　「自分から何かを作りたいという気持ちになったようです。これからは、苦手なものでも工夫すれば食べられるかなあと考えています」
　「目や耳など五感をとおして味わっているのだということがよく理解できたようで、私にいろいろと話してくれました」

おとな版

　ある小学校のPTA講座としてお招きいただきました。参加者は小学生を子どもにもつお母さんたちです。そこで、毎日の食卓を整えながら楽しむためのヒントとなるプログラムにしました。

10時　基本の味って？
　甘味、塩味、酸味、苦味、旨味の五つが味を構成する基本であることの確認から始めました。この日は、酸味がテーマ。
　まず、酸味を出したいときに何を使うかをあげてもらい、ウォーミングアップ。酢、レモンなどの柑橘類、梅干、キウィ、パイナップル、トマト、ヨーグルト、漬物と、思いつくままに答えが出ました。

10時20分　酸味を活かした料理作り　変幻自在レシピ
　ふつうは酢を使う煮込み料理・鶏のアドボを4種類の酸味で試してみます。
　①酢、②レモン、③梅干、④タマリンドとパイナップル。
　①を基本レシピとし、酸味を②～④に変えて調理。材料はすべて鍋に入れ、最後の試食タイムまで煮込んでおきます。

10時40分　酢のテイスティング
　酸味にこだわり、酢の素材当てを行いました。
　同じ大きさの白のココットに9種類の酢を入れ、それぞれの色、味、香りなどから正解を探り当てます。登場したのは、米酢、ココナッツビネガー、アップルビネガー、梅酢、モルトビネガー、フランボワーズビネガー、赤ワインビネガー、バルサミコ、黒酢です。
　なじみのあるはずの米酢と、初めて口にする人がほとんどだったココナッツビネガーの区別が意外にむずかしく、苦戦。フランボワーズビネガーは、ズバリとはいかなくても「ベリー系の香りがする」とほぼ正解を導き出す人が続出。自分たちの感覚のすごさとあいまいさに一喜一憂していました。
　体のどこを使って答えを出したのかも確認します。

10時55分　サラダ作り①　ドレッシング

　単にサラダを作るだけでは、「食の探偵団」とはいえません。テイスティングしたばかりの9種類の酢を使い、9種類のドレッシングを作りました。酢を変えただけですが、微妙な風味の差が生まれます。フランボワーズビネガーを使ったドレッシングは薄いピンク色で、フルーツ系の香りもよく、人気でした。

11時5分　サラダ作り②　食感のための工夫（クルトン）

　続いて、サラダの食感を増すためのクルトンを作りました。オリーブオイル、くるみオイル、菜種油、油を使わないものの4種類を作り分けます。

11時25分　試食

　煮込んでいたアドボが完成。4種類のアドボと、ドレッシングが違う9種類のサラダ、さらに食感をプラスするトッピングとして、クルトンに加えて、くるみ、レーズン、ポアブルロゼ（ピンクペッパー）を並べました。味わいの違いを意識しながらの試食です。

12時　終了

　全員で片付けをして、終わります。

　おとなは、どんな感想をもったのでしょうか。

　「自分の味覚の乏しさを感じました。これからは、いろいろな味を五感を使って味わい、味覚を育てたい。簡単で、おいしい料理！家でもさっそく試したいです。自分でアレンジするまでに至ってはいませんが、定番のものから少しずつ自分だけの味を見つけられるようになりたいと思いました」

　「印象的だったのは、香りです。ふだんの料理作りでは、栄養と色合いには気を使いますが、香りは気にしたことがなかったように思います。これからは、五感を使って料理を楽しみたいと感じました」

　「料理は苦手ですが、変幻自在レシピは応用がきき、簡単なので、大いに活用させてもらうことになりそうです。酢についても楽しく学べた気分になりました。子どもたちの使っている家庭科室で、少し童心に帰っての協同作業は楽しかったです」

おばあちゃんの技を盗もう！

「こんなものでも食べるかい。今年はうまくできたよ」

田舎で暮らす90歳を超えるおばあちゃんの家を訪ねたとき、きれいに並んだ干し柿を差し出されました。庭にたくさんなった渋柿を1つ1つ皮をむき、軒先につるして作ったそうです。うっすら粉をふいただいだい色の果肉は、柔らかく、ねっとりと甘く、売り物に引けを取りません。

作り方を聞くと、拍子抜けするほど簡単でした。熟しすぎていない柿の皮をむき、紐などでくくって、日当たりがよく風通しのよいところに乾かしておけばいいというのです。ときどきやさしくもんで、ほどよく水分が抜けて渋味が甘味に変わるのを待ちます。最後にむしろでねかせると、白い粉がふいてくるそうです。

干しているときに暖かい日が続くとカビやすいので注意が必要ですし、雨にあてないように気を配らねばなりません。風の道を感じとり、条件のよい場所を選ぶ、まさに自然と相談しながらの仕事といえます。

「これなら自分にもできるかな」と思い、ベランダでの干し柿作りに挑戦してみました（むしろにねかせる工程は省略）。まずまずのできばえで、そのままほおばったり、お正月の柿なますにしたり、自家製だからこその甘い採点をして、おいしくいただきました。

芋から栽培したこんにゃく、少し太めに切った切干し大根、ショウガの利いた特製なめ味噌、昔ながらの塩辛い梅干、大根から干して作ったたくあん、野菜の甘味がいっぱいの白菜漬け、干し芋……。

どれも太陽や風と相談し、火を加減し、時間をかけて作り上げた、おばあちゃんの手作りです。特別な調理器具もテクニックも、必要ではありません。おばあちゃんの技は、自然を味方にすること。太陽の力で食べものの甘味を引き出し、乾物にして長く楽しむのです。

火おこしも、みごとです。キャンプで火をおこそうとして、なかなかうまくいかない経験がある人はわかるかもしれませんが、木を置きすぎずに風の通り道をつくるのが、なかなかむずかしい。おばあちゃんは、木の枝や廃材であっという間に火を焚きつけてしまいます。脱帽。

おばあちゃんたちの技の数々を見逃すな！　そして、どんどん尋ねて盗んでしまおう！

CHAPTER 3

学校給食を上手に活かそう

地場産野菜を届けにきた生産者と、受け取る栄養職員
（横浜市の田奈小学校）

1 教育としての学校給食

食が乱れる現代こそ大事

　子どもたちが毎日長い時間を過ごす学校。そこで適切な食育ができれば、多くの子どもたちに食べることの意味や大切さを効果的に伝えられます。

　学校における食育として真っ先に思い浮かぶのは、給食です。文部科学省の学校給食実施状況調査によると、完全給食を受けているのは、全国の小学校児童723万人のうち98.7％、中学校生徒375万人のうち69％(2003年5月1日現在)。「食べものが豊かにある時代になって、すでにその役割を終えた」として、学校給食に反対する声も一部にあります。しかし、食育の必要性が叫ばれるなか、教育の場における食事の機会を活用することが大切です。

　1954年に制定された学校給食法は、その目的として次の4点を定めています(第2条)。

①日常生活における食事について、正しい理解と望ましい習慣を養う。
②学校生活を豊かにし、明るい社交性を養う。
③食生活の合理化、栄養の改善及び健康の増進を図る。
④食糧の生産、配分及び消費について、正しい理解に導く。

　子どもたちの肥満や生活習慣病、孤食や個食、農業の衰退や環境破壊、食料自給率の低下などが指摘されるいまこそ、こうした目的に沿った給食の適切なあり方を探らなければなりません。

　学校における給食を中心にした食育は、まず子どもたちひとりひとりの健康を考えて行われるべきことは言うまでもありません。同時に、国の食料・農業政策のもとで私たちの食生活が

どうあるべきかをきちんと提示し、それにもとづいて位置づけられるべきです。目先の経費削減にばかりとらわれるのではなく、将来を見すえた給食のあり方をみんなが考える時期にきています。将来の消費者である子どもたちを育てる努力を怠れば、いつかしっぺ返しがきます。そうなってからでは遅いのです。

「1960年代前半から30年以上かけて、日本の食は狂ってきました。あるべき食にするためには、今後30年かかると思っています」（全国学校給食を考える会の野田克己・事務局長）

そして、96ページで紹介する「弁当の日」を終えて、5年生の女の子の母親がこんな感想を書いています。

「一番役立った（将来、役立つであろう）ことは、料理の材料が予定どおりにいかなくても、『何とかなる』ということがわかったことだと思います。（中略）これからの人生の中でも『この道がだめなら、あの道へ行けばいいんだ。押してだめなら、引いてみればいいんだ』といった生き方のヒントを得たような気がします」（竹下和男『"弁当の日"がやってきた』自然食通信社、2003年、85ページ）。

これこそ「生きる力」を育む教育ではないでしょうか。

学校給食をとおして社会を見る

学校給食について考えるとき、忘れてはならないことがあります。私たちの食生活は、個人の健康にだけかかわる狭いものでは決してありません。経済、産業、国際関係、環境などの問題に広く関連しています。食育としての学校給食も、栄養や食べ方などの指導だけで完結するわけではないのです。

食料自給率がいわゆる先進国のなかで例外的に低い日本の食

生活は、食料の輸入なしには成り立ちません。多くの国々と友好的な関係を築かなければならないはずです。同時に、私たちが何を買い、何を食べるかは、そうした国々の経済や生活、環境に少なからず影響を与えています。たくさんの食料を輸入する一方で、たくさんの残飯を出している国が、飢えに苦しむ国の人たちにどう見えるのか、気にせずにはいられません。

　フランスでは「味覚の教室」によって、イタリアではスローフード協会を中心に、学校での食育活動が盛んに行われています。これらは、食を楽しむ人間の育成だけがねらいなのではありません。どこでも同じ味を大量生産する工業製品のような食べものと、その地域ならではの味や小規模生産者のこだわりの食材とを味わい分けられる、いわば「将来の舌」をつくり、最終的には食の工業製品化とグローバル化に歯止めをかけようという政策でもあるといわれています（「揺れる食大国フランス」NHKテレビ『クローズアップ現代』2002年5月7日、参照）。

　それは、地元の食材、郷土料理、それらを作る農民や職人を大切に育て、サポートしていこうという国としての姿勢でもあるのです。安全な食生活を将来にわたって保証するためには、こうした姿勢が必要です。

　政府は2010年までに食料自給率を45％に高めるという目標を掲げているものの、実現はむずかしいと言われています。いまは豊かな食を享受していますが、戦争や気候変動が起きれば、すぐに状況は一変。食文化や食の安全を守る以前に、食べものの確保すらむずかしくなってしまいます。そうした危うい状況だからこそ、学校における食育が場当たり的に行われるのではなく、どういう消費行動をする消費者を育てるかという大きな視野のなかで、進められなければなりません。

学校給食がパン食で始まった理由

　日本で最初の学校給食は、1889(明治22)年に山形県鶴岡市の私立忠愛小学校で始まりました。貧しい児童を対象に無料で実施されたそうです。

　戦後は1946年に食料難対策として、東京都・千葉県・神奈川県で脱脂粉乳給食がスタート。学校給食用物資を国内だけでまかなうことは困難だったため、連合軍総司令部や、アメリカの慈善組織による海外援助事業として送られた「ララ」(LARA＝Licensed Agencies for Relief in Asia)物資が当てられます。この無償供与によって、パン、牛乳、おかずという完全給食が可能になりました。

　しかし、それは余剰小麦の処理に悩むアメリカにとっては渡りに船でもあったのです。その後の日本への小麦輸出の道を開くきっかけになり、パン食を中心とした学校給食の実施は日本人の食生活に大きな影響を与えていきます。

　1951年のサンフランシスコ講和条約調印にともなって無償供与は打ち切られ、学校給食は存続の危機にさらされました。これに対して、国庫補助による継続を要望する運動が全国的に展開されます。そして、54年の学校給食法によって教育制度の一環として正式に位置づけられ、現在に至っているのです。

学校給食はなぜ必要なのか

　学校給食は全員が同じものを食べます。本来、何を食べるかの選択は自分でできるにこしたことはありません。とくに、最近は食物アレルギーをもつ子どもが急増しており、給食か弁当かを自分で選択できる方式には一理あります。ただし、この方

式の根幹には、食に関するしつけや教育は家庭できちんと行うという考え方があることを見逃さないでください。

では、現在の日本はどうでしょうか。いわば飽食状態にあり、食べ歩きや美食に関するテレビ番組が放映されない日は、ほとんどありません。しかし、家庭の食事については、問題の指摘が相次いでいます。栄養知識の欠如、ファストフードやコンビニ依存、生活習慣病の若年化、朝食抜き、共食観(人といっしょに食べたいという思い)の欠如……。あげれば、きりがありません。とくに小学生の場合は、自分の家庭以外での食体験はわずかです。1日の食事のうちで、給食が一番まともな食事という子どもも増えています。

また、メディアを通じて入ってくる食に関するいろいろなレベルの情報を正しく理解し、適切に取捨選択する知識をもっていなければ、一方的な情報に流される危険が少なくありません。実際、笑えない話を聞きました。

生活習慣病の予防にはチョコレートに含まれるポリフェノールがよいとテレビで報道していたのを受けて、ある成人男性が、毎日6枚ずつチョコレートを食べ続けたために、体重が大幅に増えたというのです。たまたまその番組でカロリーについてふれていなかったのか、本人が見過ごしたのかは、わかりません。それにしても、おとなですらこうした間違いを犯すのですから、子どもたちにとって、テレビから一方的に流れる情報がどれほど大きな影響力をもつか想像がつくでしょう。

こうした状況では、学校給食を教育の一部としてきちんと位置づけ、食べることの意味、栄養の知識、料理を作る人への感謝の気持ち、食料自給、食文化などを考える場として機能させる必要があります。以下に、学校給食の意義をまとめました。

①将来の健全な消費者を育てる。
②1世代先の子どもたちの食卓をあずかる親を育てる。
③農業・漁業、環境問題、小売、流通のあり方を考える。
④それらをとおして、日本の食文化を支えていく。

食生活に及ぼす大きな影響力

　学校給食は、私たちのその後の食生活に想像以上の影響を与えています。16ページで紹介した本で著者の岩村氏は、1959年生まれ前後と68年生まれ前後の主婦に、食事のメニュー、作り方、意識や感覚などに個人差を超えた明確な違いが見えると指摘しています(237～239ページ)。

　前者の特徴は2つです。①栄養・機能指向が強く、ときに味や風味を度外視しても、栄養素の網羅を重視する、「配合飼料型」と呼ぶべき料理を好む。②加工食品を使いこなすための商品情報、知識、アイディアを重視する。

　後者の特徴は3つです。①食材や調理に関して基本的な技術と体験が少なく、食への知識や関心が総じて低い。②栄養に関してもそれほど重視しない。③料理にはなるべく手間をかけたくないと考え、「手作り」イコール「美味しい」という感覚も低い。

　そして、両者の違いが、「中学校の学習指導要領、『技術・家庭』教科書の改訂・改変と、時期も特徴内容も奇妙な一致を見せて」(240ページ)おり、家庭科の教科書の内容がその後の食生活に影響を与えていると考察しています。

　女子栄養大学教授で、学校給食や食事情に詳しい足立己幸氏も、何を食べたか、どんな情報を得たかなどの食体験が、次に何を食べたいと感じるか、思うかに具体的に影響していくと

し、これは生理的な原因によるというよりは、食嗜好や食物観、食事観といった文化的・社会的要因によると指摘しています（足立己幸ほか編『子どもたちのための食事教育』群羊社、1992年、149～151ページ）。

　1日3回、おやつも含めれば4～5回、何をどう食べるかの積み重ねが、健康状態、食事観、食の嗜好などを決めることは、感覚的に理解できます。学校という教育の場で年間約200回も提供される給食が子どもたちに与える影響は、相当に大きいはずです。加えて、足立氏が指摘するように、学校給食は地域における食の方向性に影響を与え、生産・流通の状況や輸入にも関係してきます。それを認識して学校給食を組み立て直さなければいけない時期に、私たちはきているのです。

食育は栄養職員・栄養教諭だけの担当ではない ● ● ● ●

　5年間お世話になっている娘の小学校の担任を見ていると、食に対する姿勢は実にさまざまです。

　ある男性教師は懇談会で、保護者を前にこう話しました。

　「ぼくは断食道場に通っていて、乳製品は摂らない主義です。だから、子どもたちに『残さず食べなさい』という指導はできません。ウチのクラスは残飯が多いと注意されているのですが……。ご理解をお願いします」

　「残すのはもったいない」と、先生が自宅から塩を持ちこみ、みんなで残りご飯を塩おにぎりにしたクラスもありました。子どもたちにとって、先生といっしょのおにぎり作りは楽しみでもあり、ご飯は残らなくなりました。

　ところが、「塩を持ってくるから、おにぎりを作らせてください」と子どもたちが申し出ても、「家から余分なものを持っ

てこないでください」と、にべもない先生もいます。「パンを全部は食べられないので、友だちと分けて食べてもいいですか。食べたい人が食べられるから」と子どもが提案しても、「とにかくダメ」の一点張りの先生もいました。

　学校は公的色彩の濃い場ですから、配慮は必要です。それでも、最初の男性教師のように自分の立場をはっきり表明するのであれば、「食というのは個人の領域の問題でもあるんだな」と子どもたちが学ぶという意味で、立派な食育だと思います。もし説明をせずに先生が牛乳を残せば、ただの好き嫌いと子どもたちは思ってしまうでしょう。

　アレルギーをもっていたり、ベジタリアンだったり、宗教上の理由で特定のものが食べられなかったり、さまざまな人がいます。それを理解することも大切です。

　「残飯にしたくないから」と話して、塩おにぎりを作る先生の行為も、残りものがどうなるかを考えるきっかけをつくった点で、食育といえます。学校給食法に掲げられた給食の目的からしても、栄養職員だけではなく、ひとりひとりの先生が食に関する知識や自分なりの考え方をもって、子どもたちに接してほしいと思います。

　現在、「栄養教諭」を各学校に配置しようという動きが本格化しています。ただし、それで食育は大丈夫、すべて栄養教諭（あるいは現在の栄養職員）に任せようという意識になるとすれば問題です。「生きる力」の基本は、「よく食べる力」にあります。それを養う責任は栄養教諭だけではなく、担任の教師、そして親を中心としたおとなすべてが負うべきではないでしょうか。

2 心と体を育てる給食

工夫する気持ちを忘れない

　まず、高い理想をかかげ、それぞれの学校や地域が置かれた状況のなかで、できることから実施して、理想に近づけていくことが、学校給食関係者にいま求められる姿勢だと思います。

　たとえば、ふつうに考えれば、和食の献立に牛乳は合いません。でも、実際には、「牛乳なしの給食なんて不可能だよ。あなたは事情をよく知らないから、そう言うんだ。牛乳を扱う業者やその団体が、既得権を失うという理由で反対するに決まってるでしょ」と、初めからその問題について考えるのをやめてしまいがちです。

　では、給食の時間ではなく、中休みや昼休みに牛乳を飲むようにすれば、どうでしょうか。牛乳をやめるだけが方法ではありません。柔軟な考え方をとれば、高いと思われたハードルもクリアできるかもしれないのです。

和食を中心に

　日本の食文化を身につけるためにも、自給率の向上に少しでも貢献するためにも、給食は和食を原則とするべきだと思います。日本の伝統である米飯に、1汁、2ないし3菜を基本としたメニューです。

　家庭の朝食では、パン食のほうが多いという報告があります。2001年8月から2年間にわたって、のべ約10万人から得られたアンケート調査の結果です。もちろん地域によって差はありますが、全体では「パン類」が47.9％でもっとも多く、「ごはん類」は37.2％(http://research3.hi-ho.ne.jp/market/release/bf2003/)と、和食離れの傾向がますます進んでいます。米

の消費量が減っているのも気になるところです。

　農林水産政策研究所の足立恭一郎氏が、『食料・農業・農村白書』(平成12年度版)の試算を紹介しています(『食農同源』コモンズ、2003年、59〜60ページ)。それによると、国民1人が1回の食事につき、ご飯(もちろん国産米)を1口多く食べれば、供給熱量自給率(カロリーベースの食料自給率)が1％向上するというのです。また、国産大豆100％で作った豆腐を1カ月に3丁多く食べれば、やはり1％向上します。

　02年度の日本の食料自給率はカロリーベースで40％。主要先進国と比較すると、その低さは際立っています。たとえば、フランスは121％、米国は122％といずれも100％を超え、ドイツも99％、島国のイギリスでさえ61％(「我が国の食料自給率——平成14年度食料自給率レポート」)。食料自給率100％の確保を政府としての責務と考え、それを達成しようとする国が多いなかで、1961年度の78％から一貫して低下してきた日本が異常なのです。

　ところが、国際化時代という認識からか、学校給食でも外国のメニューがよく取り入れられるようになっています。たとえばワールドカップが開催されたとき、参加するサッカーチームの国の食文化を知るために出すのなら、歓迎です。しかし、そうした教育的に明確な意図がある以外は、無理に外国料理を取り入れる必要はないと思います。

　外国人が増えているのだから、さまざまな国の料理があっていいという人もいますが、私たちが外国で暮らすとき、給食に和食を望むでしょうか。四季がはっきりした日本ならではの季節感あふれる給食は、外国から来る子どもたちに日本の食文化を知ってもらう絶好の機会にもなるはずです。

先生の誕生日に、出身地の郷土料理を出している学校があります。調理の際には先生のアドバイスを受けられ、給食時の放送や給食だよりでは、先生に食にまつわる思い出を語ってもらえます。初めての食べものと先生のお話とで、子どもたちの印象に残るのではないでしょうか。

生産者の顔が見える食材を使う

　給食に使われる食材の基本は、地元で穫れた農畜産物を地元で消費する地産地消であると考えます。地場産給食のメリットはいくつもあります。
　①新鮮！おいしい！安全！
　朝に穫った野菜を昼に食べるのだから、旬の素材が献立に多く登場し、味がはっきり違うのは、いうまでもありません。また、顔の見える関係となれば、農薬の使用ひとつをとっても、考えることになるでしょう。
　②環境にやさしい
　運ぶ距離が長くなれば、エネルギーを大量に使い、二酸化炭素の排出増による地球温暖化を招きます。
　イギリスの消費者運動家ティム・ラング氏は、フードマイルという考え方を提唱しました。その計算方法は、食料輸入量×輸出国から日本までの輸送距離（単位 t・km）。日本の 2000 年のフードマイルは約 5000 億 t・km で、韓国の約 3.4 倍、アメリカの約 3.7 倍にあたります。国民 1 人あたりでも、韓国の約 1.2 倍、アメリカの約 8 倍です。日本人 1 人あたりの食料輸入量は年間約 420 kg、平均輸送距離は 1 万 km 弱（東京－サンフランシスコの直線距離）にもなります(http://www.maff.go.jp/syokuno_qa/mokuji.html参照)。欧米では消費者団体や環境保護団体を

中心に、このフードマイルを減らそうとする市民運動が盛んになってきました。

③生産者と消費者との心理的距離が縮まる

給食だよりで野菜の紹介をしたり、学校内に生産者の写真を掲示したりすることで、子どもたちが農家に親しみをもちます。83年から地場産給食に力を入れてきた東京都日野市では、学校のまわりの田畑が子どもたちに荒らされなくなったことを大きな効用としてあげています。

統一献立でも地場産給食は可能

　一般に、統一献立と食材の一括購入を原則としている市町村では、地場産給食の実施はむずかしいと考えられています。人口300万人を超える横浜市も、そのひとつでした。そのなかで、青葉区の田奈（たな）小学校では、栄養職員の河野知子さんが学校側窓口となり、学区内にある田奈農協の協力を得て、地場野菜の導入を進めています。農家は手をかけて育て、収穫したばかりの新鮮な野菜を、市の一括購入価格を超えない値段で学校に届けてくれるそうです。

　その特徴は、第一に納める野菜の種類が多いこと。夏はピーマンやきゅうりを中心に約5～6品目、冬は10品目を越えます。第二に、農協が野菜をとりまとめるのではなく、それぞれの農家が朝、小学校に届けていること。それで、生産者が調理員や子どもたちの声を聞く機会が増えます。

　「田奈小学校を含む4つの小学校に、農家7軒がチームを組んで野菜を納めています。いつ何を納めるか、前もって計画は立てますが、天気などに左右されて予定どおりにいかないときもあります。それを調整するのが農協の役割なので、生産者と

学校との連絡・調整が欠かせません」(田奈農協の飯島英雄さん)。
　毎月、農協と協力農家が集まって、ローテーションや提供品目などを話し合い、農協に入ってくる学校側の声も発表しています。当初、ある特定の農家の野菜に対するクレームが続いたことがあったそうです。その農家は「もうやめようかな」と弱音を吐きましたが、チームの農家が彼の畑に出向き、植え付け時期や品種についてアドバイス。しだいに、クレームはなくなりました。

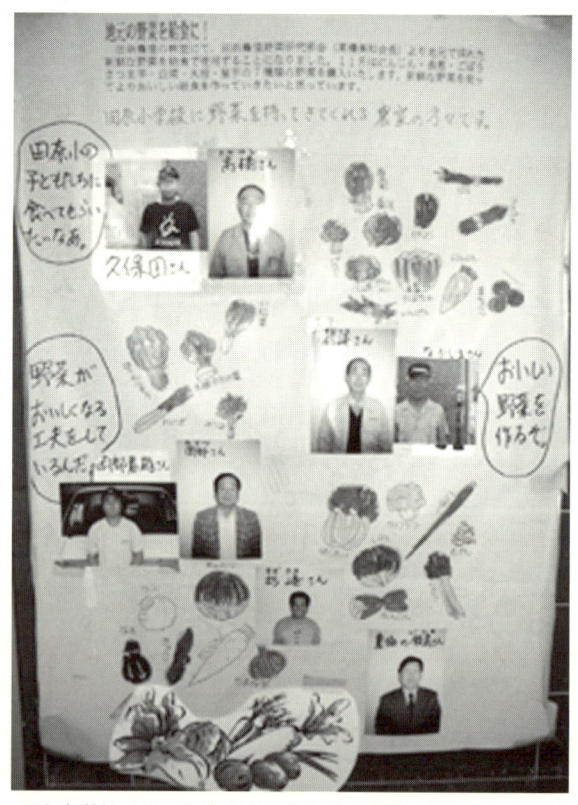

田奈小学校では、生産者の写真を給食室前に掲示しています

2 心と体を育てる給食

　最近の農家は、意外に横のつながりが希薄で、それぞれが自分なりに研究はしつつも、孤独に農作業しているのかもしれません。地場産給食の場合は多くの品種と安定的な生産量が求められますから、1軒だけではむずかしいのは当然です。給食をきっかけに、農家の横のつながりができ、技術が向上し、やりがいも生まれれば、素晴らしい副産物といえるでしょう。

　「市場出荷の場合は、束ねやすいとか折れにくいといった流通に便利な品種が好んで生産され、味は二の次になることも多い。でも、朝穫ったものを昼に食べてもらうのだったら、味はいいけれど、すぐにクタッとしてしまう（しなびやすい）品種の葉物も、作れるんですよ」（飯島さん）

　私が取材にうかがった日は、田奈小学校の給食交流会に協力農家全員で出かけるのだと、飯島さんは子どもたちからの手書きの招待状を誇らしげに見せてくれました。

産地から届くおいしいメッセージ

　地場野菜を使おうと思っても近くに農地がないとか、多種類の野菜が地元では生産されていないという悩みを抱える学校も、都市部では少なくありません。あるいは、栄養職員が地元の野菜を使おうとしても、農家側に納品、請求書、作付け状況の報告などをまとめる窓口役がいなければ、実現できません。

　そうした状況では、産直給食もひとつの方法です。フードマイルの考え方からすればやや問題はありますが、理科や社会の勉強に発展させられるという利点もあります。また、農の現場との心理的な距離を縮めるという意味では、地場産給食と同様の効果が期待できるでしょう。

　横浜市都筑区の中川小学校では、山形県東根市の留場農園

から取り寄せたさくらんぼを 02 年度から給食で出しています。03 年度は、子どもたちが書いたお礼の手紙を栄養職員が自ら農園に持参して手渡す一方で、さくらんぼ栽培の様子や、生産者の留場美佐さんのメッセージをビデオで撮影して帰り、昼の放送で流しました。その後も、栄養職員が間に入り、子どもたちと留場さんとの手紙やビデオのやりとりは続いています（給食には、地元横浜の梨や柿、山形市のラ・フランスやりんごも、登場します）。

　子どもたちは、留場さんのさくらんぼを食べることで、さくらんぼにもいろいろな品種があり、それぞれ育て方が違うことを知りました。山形県ではおいしい果物がたくさん作られていること、自分が住んでいる地域においしい梨や柿があることにも気づくようになります。そして何より、給食に出る果物が、お金を払えば買える「モノ」ではなく、顔が見える人が作ってくれた「特別なもの」として感じられるようになりました。

　ともすれば、地場産給食や産直給食においては品数の多さがその目安とされがちです。でも、たとえ品数が限られていても、取組み方次第で成果は大きくなります。

　一方、留場さんも子どもたちの手紙に感激していました。

　「なかには『嫌いだったさくらんぼが、こんなにおいしいなんて』という手紙もあり、都会の人は穫れたてを味わうことができないんだなあと、流通の問題をあらためて考えましたね。肥料として、落ち葉、糠、油かす、茶殻、おからなど、できるだけ自然に近いもの、家で調達できるものを利用して、木の活力を整えようと努力を続けています」

2　心と体を育てる給食

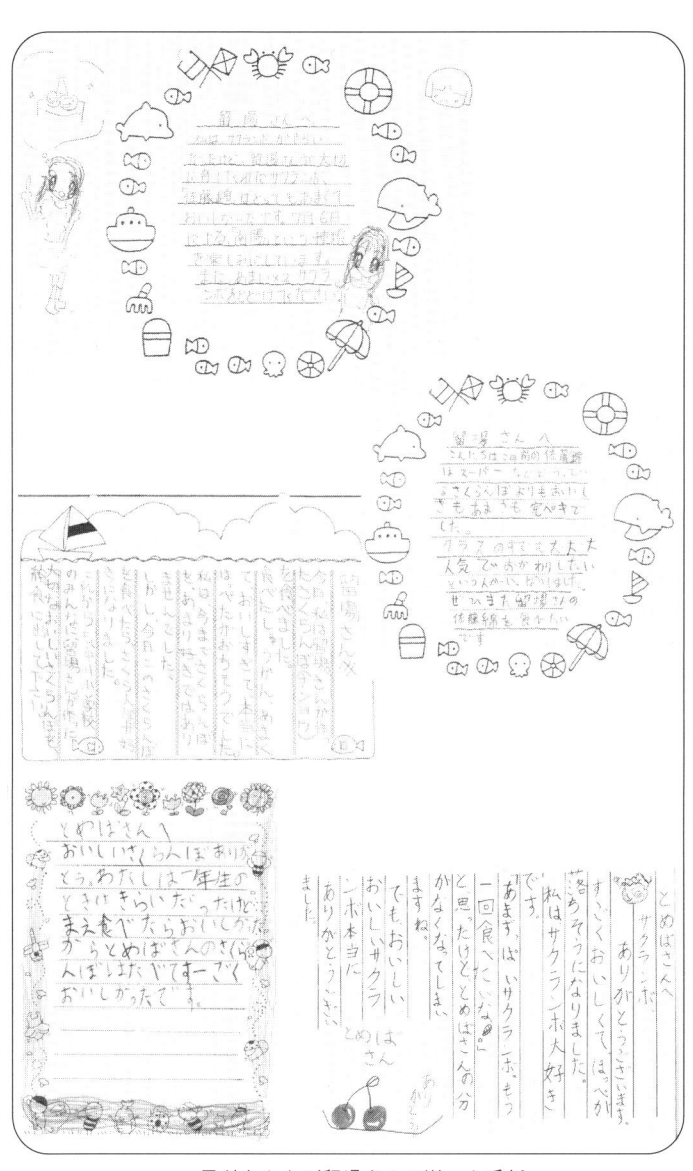

子どもたちが留場さんに送った手紙

3 食べ方も工夫しよう

楽しく、ゆっくり、食べる! ● ● ● ● ● ● ● ● ● ●

　　　　自校調理か給食センターでの調理かによっても違いますが、多くの学校で1時間程度の昼休みの間に、給食室からの運搬、盛り付け、配膳、食事、後片付け、遊び時間、掃除などが含まれています。食べる時間はせいぜい20分程度。センター方式の場合、交通事情などで配送が遅れると、食べる時間はさらに減ります。忙しい毎日のなかで、食事ぐらいせかされずに食べたいというのは、たいていの子どもの共通した思いでしょう。

　フランスやスペインなどラテン系の国ぐにでは、伝統的に昼食が一番のご馳走という文化があるためか、小学校でも長く昼休みをとるケースが多いようです。1999年にフランスに住んでいたときに娘が通っていた小学校も、昼休みは2時間でした。そして、校内のカフェテリアでのランチ、迎えに来た親との外食、家に帰って食べるなど、それぞれの自由にまかされていました。(ただし、授業が終わる時間は1年生から午後4時半)。

　文化や学校の時間設定が違うので、2時間の昼休みをそのまま日本で採用するには無理があります。ふだんの給食は、時間が短めでもしかたないでしょう。でも、「総合的学習の時間」をはじめ、社会や家庭科などの勉強と関連づけ、ときにはもっと長い時間をとることは、むずかしくないはずです。交流給食(他のクラスや学校外の人といっしょに食べる)、屋上給食、校庭給食などで、ゆっくり食事を楽しむ機会をつくってほしいと思います。

場所や雰囲気を変えてみる

　欧米では、授業を受けている教室でそのまま食事をすることはめったにありません。日本でもそれにならって、レストラン顔負けのランチルームを設ける学校が増えてきました。

　そうしたランチルームの存在が、子どもたちにいい影響を与えているという報告も各地であります。たとえば、東京都大田区の小池小学校では、1〜6年を縦割にして、学年が異なる子どもたちがいっしょに給食を食べています。図工の授業で焼いたお皿を使ってサラダパーティーを開くなど、広く開放感があるランチルームは人気です。少年野球チームの祝勝会など地域の集まりも行われています。ただし、ハード（入れ物）をつくりさえすればよいわけでは、決してありません。

　仮にランチルームがなくても、工夫はできます。たとえば、知り合いからもらってきた円形の廃材を利用した天板に、よその学校で以前使われていた机の足を取り付けた手作りのテーブルを並べて、天気のいい日に屋上給食を実施している小学校もあります。教室内で机の配置を変えてみるのもいいし、学年ごとに体育館に集まって食べるのだって、雰囲気が変わるでしょう。教室でそのまま食べるにしても、テーブルクロスをかける、花を飾るといったちょっとした気配りで、「勉強する部屋」からの模様替えができるはずです。

　日本は伝統的に、一つの部屋で食事し、一家だんらんの時間を過ごし、夜になれば卓袱台を片付けて布団を敷いて寝るという、一室多用の知恵と文化をもっていました。その伝統を活かせば、栄養職員や各クラスの担任の先生方の知恵と工夫で、いろいろな試みができます。

ときにはバイキング形式も ● ● ● ● ● ● ● ●

　　　　全員が同じものを食べるのはおかしい、自分が食べられる量を取ることを身につけてほしい、栄養バランスよく選べるようになってほしいという思いから、給食にバイキング方式を導入すべきであるという声が増えてきました。足立己幸氏も、「出されたものを残さないで食べるという能力ではなく、自分の体とか心の状態、暮らし方に合せて、自分にとって望ましい食べ物をうまく組み合わせて食べていく力をこそ育みたい」（前掲『子どもたちのための食事教育』50 ページ）と主張しています。

　　　　私たちもこの考え方に賛成です。年齢に合った食事量や栄養バランス、一人でたくさん取ってしまわないことなどを事前に教えられれば、カフェテリアでのバイキング形式の給食は、自分にとっての適切な食事選びを学ぶいい機会になるでしょう。

　　　　東京都杉並区にある若杉小学校では、03 年から月に 1 回、学年ごとに順番にバイキング給食を行っています。会議室を利用し、テーブルクロスをかけ、テーブルには花、壁には子どもが図工の時間に描いた絵を飾り、特別メニューを準備。通常の給食メニューにプラスして、4〜6 品を作り、盛り付けも華やかに工夫します。ある日は、ミニ・ブリオッシュ、アメリカンドッグ、ブロッコリーとトマトのサラダ、かじきの東煮、粉ふきカボチャ、杏仁豆腐、ピザに、フリードリンク（コーヒー牛乳、ウーロン茶、りんごジュース、オレンジジュース）でした。

　　　　メニューは栄養面から大きく 3 つのグループに分けて、それぞれから適量が取れるように、管理栄養士の小峯美枝子先生が指導します。もっとも、バイキング給食は「お楽しみ」でもあるので、多少のカロリーオーバーは認めているそうです。

3 食べ方も工夫しよう

「初めは、肉ばかり食べすぎたりジュースを飲みすぎてしまう子どもも見られましたが、定期的にバイキング給食の機会をもつことで改善されていくと期待しています」(小峯先生)

ただし、常時バイキング形式がよいとはいえないと思います。自分が好きなもの、家庭やレストランでよく出るものをつい選びがちだからです。そして、子どもたちの食の幅を広げるという、給食における大切な役割のひとつが達成されなくなる恐れがあります。

また、経費と残飯量という2つの点でも、問題があります。ある民宿のオーナーは、「バイキングだと結局ムダが多くなるんですよ」と言っていました。人気のメニューがなくならないように、ひとりひとりに盛り付ける場合より、余分に作るからです。当然、残飯も増えるでしょう。

どれにしようかな。あれもこれもおいしそうで迷っちゃう

4 子どものための給食を

センター方式への画一的移行は疑問 ●●●●●

　1985年、文部省(当時)は都道府県に対して「学校給食業務の運営の合理化について」を通知しました。具体的には、学校ごとの調理場の共同調理場方式への移行、調理員のパートタイマーへの切りかえ、調理業務の民間業者への委託つまり労務費の削減、政府補助金の削減、受益者負担の推進です。さらに94年には、自治省(当時)が全国の地方自治体に対して、業務の民間委託の推進と職員の削減を内容とする行革大綱を1年以内にまとめるよう通知。学校給食の調理員が削減対象のひとつとしてクローズアップされました。

　こうした流れのなかで、学校ごとの単独調理(自校方式)から給食センター方式への移行が進んでいきます。単独調理に多くの長所があるのは確かです。

　①食べものが、だれに、どのように料理されるのか、子どもたちにとって身近に感じられる。
　②作ってから食べるまでの時間が短い。
　③食中毒が起きた場合、被害が広がる範囲が小さい。
　④地場産農産物の導入にあたって、農家が対応しやすい。

　各学校ごとに給食室があれば、昼前になると給食室からおいしそうな匂いがしてきます。そして、食べ終わって容器を片付けるときには、調理員や栄養職員と、「きょうの給食おいしかった！ごちそうさまでした」「残さず食べてくれて、ありがとう」という会話が交わされてほしい。私はそう思います。

　作る人と食べる人との心の交流、子どもたちへの栄養指導、作ってからできるだけ早く食べられる仕組み……。これらの面で、一般的には自校方式のほうがすぐれているでしょう。

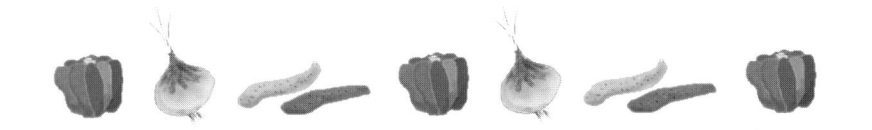

もちろん、学校に給食室があっても、調理員や栄養職員と子どもたちとの間に交流がなければ意味がありません。したがって、単に自校方式・センター方式だけの問題ではなく、働く人たちがどんな姿勢で仕事をしているか、子どもたちや生産者ときちんと向き合っているかこそが問われているのです。

仮につくるなら、こんなセンター

　地域によっては、財源不足のために給食センター方式をとらざるをえない場合もあるでしょう。その際は、食べる人と作る人との交流がもてるような工夫をする必要があります。そうした交流が実現している数少ないケースを取材しました。

　2002年に建て替えられた出雲市立学校給食センター(島根県)は、幼稚園・小学校・中学校あわせて1日に約1万食を作る、中国地方最大の学校給食センターです。小・中学校あわせて20校を4人の栄養職員が、16の幼稚園を栄養士1名が担当。調理員は55名(うちパート28名)です(04年7月1日現在)。

　03年度は、20校すべてでのチームティーチング(担任の先生と栄養職員がチームを組んで授業を行う)による食の指導を学級活動や総合学習の時間に行いました。また、10校では、教員以外が教育委員会の辞令をもらって講師となる制度を活用して、栄養職員が家庭科の授業を担当。合計134回にのぼります。さらに04年度からは、親子で参加する料理教室「スクールランチクッキング」も月一回のペースで開き、地域の食情報発信基地としての機能を高めています。

　加えて、98年度から3年間パソコンを活用した食に関する指導の研究指定(文部省)を受け、ホームページの開設やインターネットを活用した指導を進めてきました。給食センターに

は7台のパソコンが置かれ、すべてインターネットに接続。ホームページをとおして情報の発信と収集につとめるほか、子ども・保護者・地域の人びととの交流に活用しています。たとえば、「栄養相談ホットライン」を通じて、子どもや保護者から毎日のようにメールで相談が寄せられているそうです。栄養に関しては栄養職員が、給食に関しては調理員が返信。給食委員の子どもたちとのチャットも行われ、給食に関する話題が話し合われてきました。

　そして、青果物納入組合をとおして、できるだけ地場産野菜を回してもらえるように努めています。栄養職員の中野志女子さんによると、「03年度実績で約56％が地場産です」。4月のリストをみると、米、パン、牛乳、神西ねぎ、朝山しめじ、春キャベツ、いちごなど20品目が並び、最少の3月でも17品目あるそうです。

　月に1度の「おいしい出雲の一日」という特別食では、出雲市内で作られた食材を使った料理が並びます。04年4月のメニューは、「無花果パン、牛乳、ひみつのハンバーグ、春のお花畑サラダ、コンソメスープ、出雲ヨーグルト」でした。

　なお、この給食センターの設置にあたっては、栄養職員も検討委員会の一員として参加し、「21世紀の生命輝く子どもたちを育む学校給食センター建設に向けて」という報告書がとりまとめられています(http://fish.miracle.ne.jp/izkyu/ 参照)。

　とはいえ、出雲市立学校給食センターは、残念ながら全国でも非常に先進的な事例で、各地でこれだけの工夫がされているかというと大いに疑問です。

質と教育効果の低下につながる民間委託

　調理員を民間委託する最大のメリットは、経費の削減です。一方で、民間委託に対する大きな懸念の声があげられてきました。ムダなコストの削減は大切ですが、子どものためになるかどうかという教育的見地から、まず考えなければなりません。

　民間委託に関しては、栄養職員が調理員をいかに指導し、管理するかが重要です。ところが、法律上、公務員である栄養士は民間企業の調理員に対して直接的な指示を与えられないという指摘があります。また、仮に栄養職員が指導的な立場に立てたとしても、すべての学校に配備されているわけではありません。したがって、民間企業への丸投げに近い形になる可能性も十分にあります。

　営利企業である以上、できるだけ少ない人数で、手間をかけずに、評判がよい献立にする傾向になるのが自然です。当然、メニューのファミリーレストラン化、冷凍品や調理済み食品の使用増などが予想されます。安い材料を調達するために輸入品の使用割合も高くなるでしょう。これらが子どもたちの食育の場としての給食にふさわしいとは、とても考えられません。

　文部科学省が発表した02年度の「学校給食における外部委託状況」によると、89年には5％だった調理の民間委託は、03年5月現在では15.2％と、2.7倍にもなりました。でも、経費削減のために、給食の質と教育効果を切り捨てるわけにはいきません。「企業の良心に任せる」だけでは、心もとないかぎりです。ひとりひとりの親が目を光らせ、意見を言っていかなければ、調理員の民間委託による給食の質の低下は避けられないように思います。

調理済み冷凍食品について ●●●●●●●●●●

　　　　　冷凍食品を一概に悪いというつもりはありません。ただ、調理済み冷凍食品の給食への利用は、抵抗があります。調理済み冷凍食品は、目に見えない部分での外部委託です。

　　　　　毎日の大量調理を少しでも省力化するために、あるいは夏場の食材の劣化を防ぐために、素材の冷凍品利用は認めざるをえないケースがあるでしょう。でも、調理過程や原材料についての確認がむずかしい冷凍総菜の利用を疑問に感じる人は、きっと多いと思います。

　　　　　たとえば、カレーのときに出てくる冷凍のナン。「きちんと解凍されずに、冷たい」という苦情を子どもたちからよく聞きます。インドについて社会科で勉強したとか、インドからの留学生がいるという事情があれば別ですが、わざわざ冷凍ナンを購入して提供する必要はありません。1枚1枚ビニール袋に入っているので、ごみの量も増えます。作り方がわからない、調理する設備がないという程度の理由であれば、そもそも給食にナンを取り入れる必然性はないでしょう。

　　　　　あるいは、チューブ入り冷凍納豆。給食用に引き割りの調味済み冷凍納豆を作るある会社のホームページには、「手軽に納豆巻が楽しめる」と書かれていました。しかし、実際には、多くの場合そのまま口にくわえてチューチュー吸っています。納豆好きの子どもたちに聞いても、味の評判はあまりよくありません。

　　　　　納豆巻用に限るならまだ許せるにしても、この導入が食器についた納豆のネバネバを洗うという調理員の手間を減らすために行われているのではないかと考えるのは、私だけでしょう

か。そして、ビニールに入った納豆をチューチュー吸うという動作は、美しいでしょうか。お茶を紙コップで飲むのと湯飲みで飲むのとではまったく味が違って感じられます。どう食べるかも味に影響してくるという点に対する配慮が、まったく欠けていると思いませんか。

　調理員の人数が限られているなかで、冷凍加工食品を使わざるをえないケースでは、数あるなかからどれを選ぶのかをじっくり検討してほしいと思います。安全な食材を使っている食品を選ぶのが第一。そして、その冷凍食品をどうしても使わなくてはいけないのかを、きちんと考えることが必要でしょう。

いろんなお店へ行って、プロの知識を教えてもらおう

　1カ所ですべての買い物ができるスーパーは、たしかに便利です。でも、魚屋さん、八百屋さん、肉屋さん、乾物屋さん、果物屋さんなどでの買い物は、スーパーとは違った楽しさがあります。

　ひとつは、対面販売だからこそプロの話を聞けること。たとえば魚屋さんでお勧めの1品を聞いてみましょう。

　「ヤリイカのいいのが入ったよ」
　「きょうのカワハギは、お刺身に最高！塩焼きならイワシだね」

　魚にも旬があり、日によって入ってくる状態が違います。それを一番よく知っているのは魚屋さん。初めて目にする魚なら、「白身の上品な味だよ」とか「甘辛く煮付けるといいね」など、味の特徴や料理方法を教えてもらえます。

　また、生ガキの殻を開けて中身が小さいと、「50円おまけだ！」なんていう一言が飛び出し、ちょっと幸せな気分にさせてくれるのも、うれしいかぎりです。

　もうひとつは、料理に合わせて魚をさばいてくれること。「3枚におろしてね」「うろことワタだけ取って」「鍋用のぶつ切りに」と、どんなリクエストにも答えてくれます。

　わが家では、数年前から近くの魚屋さんでお勧めを1尾買って、楽しむのが恒例です。種類はまごちだったりかれいだったり、いろいろ。大きめの場合は、半身は皮をはいでお刺身に、半身は調理用にそのまま。そして、頭と骨はお味噌汁用にさばいてもらうのです。

　さばいたばかりのお刺身の味は、パック詰めされてショーケースに並べられ、何時間も経ったものとは、比べ物になりません。だしが頭と骨から出た味噌汁も、うま味がたっぷり。一尾まるまるおいしくいただいて、とても満ち足りた気分になれます。

　その魚屋さんでは、みごとな包丁さばきで魚をさばくプロの技を子どもたちがのぞきこんでいる姿を、ときどき目にします。未来の料理人が育つかもしれません。

　八百屋さんの場合も、きょうのお勧めが必ずあるはず。旬、初物、ちょっと珍しい野菜を教えてくれたり、食べ方のアドバイスは、当り前です。さらに、どこで、どんな育ち方をしたかまでよく知っていれば、信頼できます。

CHAPTER 4

いろんな
教科と連動
させよう

竹を使ってジャンボバウムクーヘンづくり。うまくできるかな？

1 子どもの視野を広げる食育

舌で実感する自給率の低さ ●●●●●●●●●

　新潟県安塚町(やすづか)にある安塚小学校では舘岡真一先生(当時)が中心になり、学校近くの棚田をフィールドに、5年生が1年間、総合学習を行いました(棚田の学校　連続講座「棚田」第3期講義録、棚田ネットワーク編集・発行、2002年、参照)。子どもたちは、自ら作った米を文化祭で売り、さまざまな立場の人の経験を耳にするなかで、なぜ棚田の耕作放棄が多いのか、棚田は今後も必要なのかを、とことん考えるようになります。

　また、舘岡先生は食料自給率について子どもたちに実感してほしいと思いました。そして、大豆の自給率が3%(当時)であることから、味噌の分量を通常の3%にして味噌汁を作り、その味を舌で実感。自給率の低さを体で感じさせました。さらに、93年の冷害による米不足のとき、日本の緊急米輸入が輸出国であるタイの人たちや、タイから米を輸入しているアフリカ諸国にどんな影響を与えたのかも、取り扱ったそうです。

　総合的学習の時間に稲作体験をする学校は、数えきれないほどあります。しかし、ここまで時間をかけ、掘り下げて行われたケースは、ほとんどありません。ともすれば、田植えと稲刈りさえすれば食育をしているといわんばかりの風潮があるなかで、特筆すべき実践だと思います。

親はまったく手伝わない弁当作り ●●●●●●●●●

　農水省が提唱する「地域に根ざした食育コンクール」で03年度の最優秀賞を受賞したのは、香川県綾南町(りょうなん)にある滝宮小学校の「子どもが作る『弁当の日』」です。

　弁当の日は、5年生と6年生の10月から2月に、それぞれ

5回もうけられました。この日は給食の代わりに、家から弁当を持っていきます。しかも、献立づくりから始まって、買い物、調理、弁当箱に詰めるまでを、親はまったく手伝いません。子どもだけで、すべてをこなします。

　それを可能にするために、家庭科の先生、栄養職員、担任の先生方が、独自の家庭料理のカリキュラムをつくって奮闘。弁当の日の前には、メニューを事前に考える参考となるような学習カードも用意しました。

　子どもたちも、学校でも家でも、栄養の知識を増やし、調理の基本を懸命に学習。そして、苦労してできあがったお弁当をみんなで見せあい、食べることで、達成感や喜びを感じていきます。一方で、食事作りの大変さに気づき、親や調理員の技や仕事に敬意を抱いたり、おいしくなくても「おいしいよ」と食べてくれる家族の愛情に感謝したり、子どもたちが貴重な発見をしていくのです（前掲『"弁当の日"がやってきた』参照）。

　もちろん、簡単に実現したわけではないでしょう。校長として、この「弁当の日」を提案した竹下先生は、受賞発表の場でこう話していました。

　「子どもたちがケガをしたらどうしよう、家が火事にでもなったらどうしよう、お弁当を作り上げられない子どもがいたらどうしようと、さまざまな懸念がありました」

　しかし、できない理由をあげて立ち止まるのではなく、先生方、保護者の方々、子どもたちみんなが、とにかくやってみようとしたのです。この前向きな姿勢に、私は深く共感を覚えました（『食文化活動』（農山漁村文化協会）37号には、そのほかの受賞事例も紹介されています）。こうした継続的で、しかも一面的でない、ホンモノの食育の取組みこそが、とても大切です。

第4章 ● いろんな教科と連動させよう

2 こんな授業も、おもしろい

【総合的学習の時間】
野菜を育てて、描いて、食べよう!

　　　　学校農園で野菜を育て、その様子を観察して絵にしてみましょう。
　　　野菜を育てるときは、地元の野菜作り名人や子どもの父母・おじいさん・おばあさんの経験者に指導をあおぎます。絵を描く前には、すぐれた植物画を鑑賞したり、絵が得意な人に話を聞いてみましょう。自分だけで描くときには気づかないポイントが発見できるかもしれません。
　　　野菜に含まれる栄養、調理法、地域での伝統的な食べ方などについては、栄養職員、料理上手のおかあさんやおばあさんなどに教えてもらいます。野菜の皮や根などをできるだけ残さずに食べる方法も、考えてみるといいですね。
　　　たとえば、1人ずつ大根の種を播き、間引きや草取りをして、収穫します。小さな種から立派な大根ができるのは、子どもたちにとって新鮮な感動です。親が参加するのもいいでしょう。育った大根は子どもたちが自分で引き抜き、まず生でかじります。それから、身はふろふき大根に、皮はきんぴらに、葉っぱは菜飯になど、大根三昧の献立を工夫しましょう。
　　　最近は青首大根が主流ですが、もともと大根にはいろいろな種類があります。地域ごとの伝統的な品種を調べてみましょう。フランスには、皮が真っ黒で、見た目は焦げたさつまいものような、ラディ・ノアールという大根も。実物が手に入らなくても、写真でさまざまな大根の姿を見るだけで、子どもの関心が広がります。
　　　カボチャも、色や姿が異なるさまざまな品種があり、絵を描

くのが楽しみ。煮物、炒め物、スープ、デザートなど、料理のバラエティも豊富です。

　お勧めのひとつは、そうめんカボチャ(金糸瓜)。輪切りにしてゆでると、そうめんのように実が細くはがれます。英語ではスパゲティスクワッシュと呼ばれ、ダイエットする人がパスタ代わりに食べるとか。ジャンボかぼちゃも、子どもに人気。中身をくり抜いて、ハロウィンのジャックオーランタン(カボチャ提灯)を作り、中身はパイにします。

残飯からごみ問題を考える

　長野県佐久市にある岩村田小学校の小林昭寛先生は、担任の5年生のクラスで、給食のパンがどれくらい残されているか調べてみました。すると、1人分約110gのパンが、平均して約1.5kgも残っていたそうです。これはクラスの35人中14人分にもなります。そこで、残ったパンがどう処理されるのかを子どもといっしょに考え、パン工場の人にも話を聞きました。その結果、パン工場で引き取った後、お金を払って燃却してもらっていることがわかったのです。

　その事実を知ってから、子どもたちがパンを残す量が減っていきます。また、残ったパンをどうするかを話し合い、野菜を育てている畑に埋めることにしたそうです(http://www.ruralnet.or.jp/syokunou/200109/09_03kyu.html 参照、『食農教育』農山漁村文化協会、2001年9月号)。

　給食を食べ終わった後で、各クラスで出た残飯の量を計ってみましょう。そして、その量をごみ処理場で燃したらどれくらいのエネルギーを使うか、職員に質問したりインターネットで資料を探したりして、調べていきます。他地域で行われている

処理方法を調べ、ごみ処理場に頼らずに生ごみを処理する方法や、ムダにせずに活用する方法を見つけるのも、忘れないでください。

　つぎは、どうすれば残飯を減らせるかを調べ、考えたうえで、実行です。たとえば1カ月続けてから残飯量をふたたび計り、以前と比べてどれだけ減ったか、何が大変だったか、もっと工夫はできないかを話し合い、その後の取組みにつなげていきます。また、家庭の残飯を減らすためにどうしたらよいか、両親の意見も聞いてみましょう。

　千葉県成田市では、給食の食べ残しや調理クズを「堆肥づくり実践館」（02年5月にオープン）に運んでいます。できた堆肥は、無農薬有機栽培に取り組む若手農業グループで構成する空港西部堆肥利用組合が利用。会員13人中11人が千葉県が指定するエコファーマーの資格をもっており、彼らが作る野菜が給食で使われています（http://www.city.narita.chiba.jp/sosiki/kyushoku/risaikuru.html 参照）。

　また、横浜市は99年に、生ごみを飼料化するための研究会を発足。01年10月からは、残飯でつくった飼料を市内の養豚農家が育てる豚に与えるモデル実験を始めました。給食の調理くずや食べ残しを材料につくった飼料は、ふつうに使う配合飼料に1～2割混ぜて使用されています。04年4月から出荷を開始し、6月まで3カ月間の実績は700頭。年間2万頭を目標に、現在は13農家が使用しています。横浜市では、この飼料で育てた豚肉を「はまぽーく（仮称）」と名付けて、ブランド化する方針。それが実現すれば、給食の残飯を市内で有効活用する循環型システムが成立するわけです。

2　こんな授業も、おもしろい

保存食を作ってみよう

　干し芋、干し柿、味噌、たくあん、梅干し、ジュース(梅、カリン、赤ジソなど)など保存食にチャレンジしてみましょう。完成するまでに時間がかかるので、何回かの授業が必要です。実際の作業と、調理や作物に関する知恵や知識を身につける学習を組み合わせてください。自分たちで育てた作物を使ってできれば、言うことはありません。買ってくる場合は、できるだけ低農薬や無農薬の素材にしましょう。ここでは、干し芋と梅ジュースの作り方を紹介します。

　〈干し芋の作り方〉
　①さつまいもを弱火でじっくり、1時間ぐらい蒸す。
　②皮をむいて、厚さ約1cmの薄切りにする。蒸して柔らかくなった芋は崩れやすいので、冷めてから切るとよい。
　③切ったさつまいもをざるなどに並べ、天日に2～3日干す。ざるに薄く油を塗っておくと、芋がくっつきにくい。途中で数回ひっくり返して、まんべんなく乾くようにする。
　＊保存を主眼にする場合は、カラカラになるまで(1週間程度)干す。

第4章●いろんな教科と連動させよう

〈梅ジュースの作り方〉
①梅を水で洗い、ヘタを取る。
②竹串などで1粒に穴を10ずつ開けて冷凍庫に1晩入れ、凍らせる。
③梅1kgに対して砂糖を1.2〜1.5kg用意し、砂糖と梅を交互にガラスの瓶に入れて、冷暗所に置く。
④瓶を毎日ゆすって、砂糖を溶かす。
⑤10日程度たてば、できあがり。水で薄めて飲む。
＊砂糖のかわりにハチミツを使うのもお勧め。梅と同じ重さを用意する。また、砂糖やハチミツを足し、火にかけて煮て、種を除けば、梅ジャムとしても利用できる。

【国　語】

食べ方や食べものに関することわざや用語を覚える

　たとえば、箸づかいについての言葉や食べものの名前が含まれることわざを調べ、その意味を学習します。

　箸づかいを表す言葉は想像以上に多く、正しい食べ方を教えています。つぎの3つは「マナー違反なの？」と驚く人が多いかもしれません。

①渡し箸

箸を茶碗などの上に渡して置くこと。家庭で箸置きを使う習慣が少なくなってから、多く見られる。最近は、おとなでも意味を知らない場合が多い。器の上に箸を渡せばころがり落ちやすいので、不作法になりやすいということだろう。器に箸を置くことは「もういりません。ごちそうさま」の意味だから、よくないという説もある。

②重ね箸

同じ料理ばかり口に運ぶこと。最近は、ご飯・おかず・汁物の順序で食べる三角食べなどのしつけがされないため、好きなものばかり先に食べる人が多い。

③拝み箸

両手で箸をもって拝むようにすること。手をあわせて「いただきます」と言うので、拝み箸をていねいな動作と勘違いしている人も見られる。だが、神聖な拝むという行為と箸を持つという行為が重なることで、不愉快な思いをする人がいるという説もある。

食べものの名前を含むことわざの例は、2つあげておきます。

①油を売る

目的地にまっすぐ行かずに、途中で休んだり寄り道をしたりして、ブラブラ行くこと。日光をあてると油の温度が上がり、膨張して容積が大きくなるので計り売りにトクになる。それで、江戸時代の油売りの行商は日なたで油を温めていたという（http://www.kikkoman.co.jp/homecook/chie/kotowaza/index.html）。これが、傍目にはブラブラしているように見えたらしい。油の容積が温度で変わることを知らない人が多いのでは？

②ぬれ手で粟

労するところ少なく、得るところ大なることをいう。粟はどんなもの？ どんな味？ と興味が広がっていく。

古文に出てくる食べものから昔の食生活を知る ●●●●

古文の教科書や参考書には、食べものに関する記述がよく見られます。それをもとに、いつごろから食べられているのか、当時の食生活はどうだったのかなどを学んでいきましょう。

たとえば、歌舞伎の「髪結新三」(河竹黙阿弥作)には、上総(千葉県)出身で深川(東京都江東区)に住む新三が江戸っ子に憧れて、1本3分もする鰹を買うシーンがあります。上総という田舎の出身で、当時は江戸とみなされていなかった深川に住んでいる彼は、江戸っ子への憧れとコンプレックスがありました。それで、初鰹を珍重する江戸っ子に負けまいと、現在に換算すると1本4万5000円もする初鰹を買ったのです。

また、いまは、鰹は土佐づくり(たたき)のほうが一般的ですが、当時は「芝づくり」(皮付きの刺身)が主流でした。

落語の「時そば」は、夜に屋台のそば屋に現れた男が、注文した二八そばをやたらにほめながら食べた後で、16文という値段をごまかそうとする話です。ここからは、江戸時代にすでにそばの屋台があったこと、小麦粉とそば粉の割合が2対8であったこと、当時の金銭の単位やそばの値段など、さまざまなことが学べます。

〈参考文献〉渡辺保『芝居の食卓』朝日文庫、2001年。矢野誠一『落語長屋の四季の味』文春文庫、2002年。

小説や詩などの食べものの記述を読んで味わう

「そのびんには『毒薬』とは書いてありませんでした。そこでアリスは、ちょっぴり味わってみました。すばらしい味がしました(じっさいそれは、桜んぼ入りのパイとプリンとパイナップルと七面鳥の焼肉とタッフィーとトーストをまぜたような味がしたのです)。それでたちまち、ごくごくと飲みほしてしまいました」
(ルイス・キャロル著、福島正実訳『不思議の国のアリス』)

　有名なこの作品にも、味覚に関するユニークな表現が出てきます。自分が知っている味や食べものにひきよせて、表現する楽しさを味わってみましょう。授業では、子どもたちがあまり食べたことがないものも用意して、その味を自分なりの言葉で言い表していくと、表現力がついていくと思います。
　小学校の低学年や幼稚園・保育園の場合は、食べものを扱った詩を読み聞かせながら、食べてみましょう。たとえばミカンをうたった次の詩(まど・みちお作)を聞いたら、いつも食べているミカンを見る目が変わるかもしれません。

　　つややかな
　　つぎめひとつない　きんのかわを
　　ひきむきながら　おもう
　　──こんなに　ぞんざいに
　　ミカンを　ひきむいてしまって……と

　　うつくしく
　　キクのはなびらたちのように
　　身をよせあった　ふくろの　わを
　　ひきわりながら　おもう

――こんなに　らんぼうに
　　ミカンを　ひきわってしまって……と

　　ひとふくろ
　　口に　ふくんで
　　そのはるかな　あまずっぱさを
　　のみくだしながら　おもう
　　――こんなに　かんたんに
　　ミカンを　たべてしまって……と

　中学生だったら、たとえば次の作品をじっくり読んで味わってみましょう。
　「玉のように半透明に曇った肌が、奥の方まで日の光りを吸ひ取って夢みる如きほの明るさを啣んでゐる感じ、あの色あひの深さ、複雑さは、西洋の菓子には絶対に見られない。クリームなどはあれに比べると何と云ふ浅はかさ、単純さであらう。だがその羊羹の色あひも、あれを塗り物の菓子器に入れて、肌の色が辛うじて見分けられる暗がりへ沈めると、ひとしほ瞑想的になる。人はあの冷たく滑らかなものを口中にふくむ時、恰も室内の暗黒が一箇の甘い塊になつて舌の先で融けるのを感じ、ほんたうはさう旨くない羊羹でも、味に異様な深みが添はるやうに思ふ」（谷崎潤一郎『陰翳礼讃』）
　「トパアズいろの香気が立つ
　　その数滴の天のものなるレモンの汁は
　　ぱつとあなたの意識を正常にした」（高村光太郎『レモン哀歌』）

　〈参考〉中村明『感覚表現事典』東京堂出版、1995年。http：//www.tsujiac.jp/hp/dkpo/index.html

2　こんな授業も、おもしろい

【算　　数】

計算が苦手では料理ができない

　1人前のレシピから、班の人数分の分量を計算して調理。1人分のカロリーを計算したり、汁物や漬け物の塩分濃度を計算したり。料理には計算がつきものですし、それを間違えると悲惨な結果になります。

　料理の本では、ふつう4人分の量が出ています。それを班の人数(たとえば6人分)の分量に計算し直したり、1人分の量で計算したりします。煮物を例にとると……。

　基本になる煮物の汁の分量を、だし：みりん：薄口醤油＝8：1：1として、全部で500 cc作りたいとしたら、それぞれ何ccずつ準備すればよいでしょうか？

　5人で2合のご飯を食べると想定した場合、1クラス30人では何合の米が必要になるでしょうか？

【社　　会】

駅弁で特産を学び、名物弁当を工夫する

　谷川彰英氏(筑波大学教授)は、『食の授業をデザインする。』(全国学校給食協会、2002年)で、駅弁を使った授業を提案しています。全国の駅弁のパッケージを地図上に貼り、各地の特産品、歴史、地名、さらには気候や地形を学ぶのです。夏休みの家族旅行先で駅弁を買い、2学期に行うとよいでしょう。最後は、地元ならではの駅弁を子どもたちに工夫してもらいます。

　たとえば千葉県では、房総半島の菜の花のイメージと名産の焼き蛤(はまぐり)を合わせた「菜の花弁当」が有名です。油、肥料、燃

料など菜種の幅広い役割が学べますし、漁業の現状も調べられます。そして、千葉県の名産品を使った和風弁当をイメージし、食材の生産量や全国での順位を調べるのです。

　私なら、メインは銚子港に水揚げされるアジのさんが焼き（南房総の漁師料理。生の魚に味噌などを入れ、粘りが出るまで叩いたものを本来はアワビの殻に詰め、じっくりと焼きあげる）と焼き蛤。付け合わせは、菜の花の辛子あえ、ピーナッツの味噌がらめ、しそ巻き唐辛子入り白うりの鉄砲漬け。デザートに房総のビワが入れば、言うことなしです。

　海のない埼玉県は、山のものが中心になります。飯能市出身の友人は、こんな駅弁を考案しました。

　竹の子ご飯、山菜の煮物、きゃらぶき、卵焼き、煮しめ、おいしいお茶。

　彼女は、煮しめは欠かせないと言います。近くに茶どころの狭山市があるので、「おいしいお茶」になるわけです。新茶の季節には、お茶の新芽の天ぷらもいいかもしれません。

3学期は正月料理の大研究

　それぞれの家に伝わる正月料理を発表します。ご馳走を元日には食べない、年越しそばを食べない、お節料理という呼び方でない……。さまざまな発見があるでしょう。家の人に聞いたり、郷土出版物を調べたりして、理由もまとめてみます。

　たとえば長野県や新潟県では、正月より大みそかのほうがご馳走です。呼び名は、「お節料理」ではなく「お年取りの料理」。新潟県では、年越しそばの習慣がもともとありません。

　「最近は東京の影響で、おそば屋さんは始めたようだけれど、ウチでは食べませんね」（年配の新潟県出身者）

お雑煮のバリエーションも、調べましょう。各地ならではの、お節料理に欠かせない素材が見つかるはずです。長野の一部では鯉、新潟では鮭やのっぺい、富山ではブリ……。やはり、その理由や由来を発表します。

　新潟県中蒲原郡のある旧家の雑煮は、昆布、カツオ、鴨、干し貝柱、鮭の焼き漬けのタレ、干し椎茸の6種類のだしをとります。具は限りなく薄く短冊に切ったたっぷりの大根と、にんじん、こんにゃく、鮭、鴨。これにイクラをゆでた「ようのこ」と三つ葉を飾るそうです。

　同じ新潟県でも地域によってお雑煮の内容はかなり違うようですが、鮭の産地である村上市の影響なのか、正月料理(お年取り)には鮭が欠かせません。塩引きの鮭を添えるのが決まりだといいます。

　桜井薫氏は著書『新潟料理　ふるさとの味』(新潟日報事業社、1988年)で、北海道から東北、越後(新潟)に至るサケ文化圏について考察しています。それによると、日本の先住民族アイヌは、「サケを神の魚(カムイチップ)とよび、その魚体は神の土産(カムイヤング)で、人間がそれを余さず食べることによって、サケは神の国に帰ることができると信じ」ていたそうです。正月料理を調べていくと、日本文化の源流が見えてくるかもしれません。

【体　　育】

食べものから摂るカロリーをどう消費するか

　まず、何をどれだけ食べたかを正確に記録し、そのカロリー量を調べます。つぎに、それを消費するために必要な運動量を

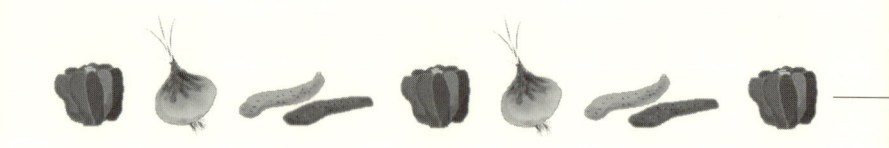

調べ（グリコ栄養成分ナビゲーター http://www.glico.co.jp/navi/index.htm、運動消費カロリー計算機 http://www5b.biglobe.ne.jp/yuustar/sbw_eecl.html）、実際にやってみるのです。子どもたちがよく口にする清涼飲料水、ポテトチップス、スナック菓子、チョコレートなどのお菓子を取り上げると、身近でよいでしょう。そして、歩く、走る、縄跳びなど、好きな運動を選んで体を動かし、感想をまとめます（足立己幸監修『授業のヒント』日本家庭生活研究協会、2002年、参照）。

　たとえば、お菓子約200キロカロリーがどれぐらいかというと、カステラ1切れ(60 g)、シュークリーム1個(80 g)、ドーナツ1個(50 g)、ミルクチョコ(板チョコ)2分の1枚(36 g)です。一方、体重35 kgの男の子が200キロカロリーを消費するために必要な運動量は、キャッチボール80分、腹筋40分、ジョギング50分、縄跳び35分にもなります。みなさん、その運動量の多さ、お菓子のカロリーの高さに驚くでしょう。こうして初めて、間食の問題点が体でわかるのです。

【英　語】

英語で書かれたレシピを読んで料理 ●●●●●●●●●

　東京都港区にある私立頌栄女子学院中学校では、英語で書かれたアメリカの家庭料理のレシピを使った夏休みの宿題が出ました。何種類かあるレシピのどれを作るかは、生徒に任されています。英語の読解力と、外国の料理の知識、そして作る技術が総合的に学べます。

　ある生徒はブラウニー（チョコレート味の焼き菓子）に挑戦。持っている辞書に載っていない用語もあって、母親の友人のア

メリカ人にも聞いてみました。できあがったブラウニーは家族にも大好評。完成した写真を撮って提出しました。

日本の家庭料理を英語で教える

　家庭科で日本の家庭料理を実習した後に、その作り方を英語のレシピにしたり、口頭で説明する授業も考えられます。たとえば、おにぎりの作り方をどう説明しますか？

　まず、米を炊くという単純な作業だけでも、説明しなければならないことはたくさんあります。たとえば1合の量を説明するには、国によって体積を計る単位が違うので換算が必要です。また、同じ「1カップ」でも、日本では 200 cc ですが、アメリカでは 250 cc を指します。また、米を炊くのではなく、ゆでて火を通す「湯とり法」が一般的な国もあります。

　米を研ぐことをどう説明するのか。海苔は英語でどう言えばいいのか。おにぎりを握る動作は……。作るのは簡単なおにぎりでも、意外に説明しにくいことに気づくでしょう。

　先日、日本を初めて訪れたインドの男性から梅干しの作り方を聞かれました。あなたは、梅干しの作り方を英語でどう説明しますか？

　　〈参考〉　http://www.bob-an.com/recipe/dailyjc/index.html（基本の和食レシピ 20 種が英語で読める）。田村暉昭『外国人に教える日本料理の楽しみ』はまの出版、1995 年（日英対訳、食文化を中心にした本）。浦上裕子『英語で楽しむ日本の家庭料理』講談社インターナショナル、2003 年（日英対訳、料理レシピを中心にした本）。

3 学校の外へ出よう、プロを呼んでみよう

特産品の製造現場を訪ねて、お弁当を作る ● ● ● ● ●

　4年生の図工の教科書に、紙などの素材を使ってお弁当を作ってみようという単元があります。横浜市都筑区にあるすみれが丘小学校の武田孝子先生は、こう考えました。

「せっかくお弁当を作るのなら、神奈川県の特産品を使おう。そして、だれに食べてほしいかも想定してみよう」

　まず、神奈川県の特産品にどんなものがあるかを学習しました。社会の教科書を読むほか、インターネットを使って調べると、たくさん見つかります。たとえば、三崎(三浦市)のマグロ、鎌倉市のハム、崎陽軒(横浜市)の「シウマイ」、綾瀬市や海老名市など県中央部の高座豚、曽我(小田原市)の梅干し、小田原市のかまぼこや干物、足柄上郡の足柄茶などです。授業では、神奈川県の白地図に特産品を書き込んでいきました。

　子どもたちは休みの日を使って自主的に、かまぼこ工場を見学に行ったり、高座豚や鎌倉ハムを扱うスーパーで話を聞いたりしたそうです。崎陽軒の「シウマイ」は、予想に反して、産地が近い高座豚を使ってはいませんでした。これも、ひとつの発見です。

　こうしてできあがったお弁当を、武田先生は1人ずつ写真に撮りました。豚肉が好きなお母さんのために作ったお弁当には、高座豚のカツが入っています。お弁当をプレゼントしたい人を想定するので、その人の好物を入れよう、きれいに作ろうという気持ちが自然と生まれました。栄養については、まだ勉強していなかったために詳しく説明していません。でも、「色あいも考えようね」と言う先生の言葉に応えて、彩りがきれいな自慢のお弁当ができあがりました。

工夫を重ねたお弁当の完成

自然を満喫するプログラム

　川崎市麻生区にある柿の実幼稚園では、広い園内に梅、栗、ブルーベリー、ゆず、みかん、柿などがたくさん植えられています。畑では、大根、さつまいも、じゃがいもなどを無農薬で育ててきました。子どもたちは季節ごとに種播きや収穫を楽しみます。そして、梅の季節は梅ジュース、さつまいもができればスィートポテトを作り、じゃがいもはカレーに入れます。

　03年度からは、「園児や卒園児だけではなく、近くの子ども

第4章●いろんな教科と連動させよう

たちがふらっと立ち寄れるような場所でありたい」という小島
澄人園長の思いから、「自然探検隊わんぱくどろっぷす」を発
足しました。「どろっぷす」は、英語で「立ち寄る」という意
味の drop　by から名付けたそうです。幼稚園児が調理を楽し
む施設「食育館」も、完成しました。03年度のカリキュラム
を紹介しましょう。各テーマごとに、出かける、食べる、作
る、学ぶの4つが組み合わさったプログラムです。

4月 〈牛・鶏〉牧場に出かけよう／ミルクセーキを作ろう
／牧場の手伝いに行こう／植木鉢を作ろう

5月 〈土・いちご〉畑を探検しよう／いちご摘みに行こう／
農家の手伝いに行こう／植木鉢に入れる土をつくろう

6月 〈田・土・じゃがいも〉田んぼを探検しよう／田植え
をしよう／土染めをしよう／ダッチオーブンでじゃが
いもを食べよう

7月 〈竹〉竹職人に会いに行こう／竹でジャンボバウム

田んぼで綱ひき。みんな泥だらけ！(お尻の穴まで泥だらけでした。ハハハ…)

3　学校の外へ出よう、プロを呼んでみよう

クーヘンを作ろう／風船灯籠(とうろう)を作ろう

8月 夏休み特集5日連続プログラム〈川で遊ぼう。川と遊ぼう〉源流まで出かけて、竹で川の音を聞く、川めがねを作る、源流の水でレモネードを作って飲む／魚をつかまえる、石に絵を描く／鮎のスケッチをし、鮎の吸い物を食べ、竹でいかだづくりに挑戦／川で手作りのいかだに乗る……

9月 〈梨・すすき〉梨狩りに出かけよう／月見団子を作ろう／秋の七草を探せ／かやぶき屋根を見に行こう

10月 〈柿・稲〉柿渋染めをしよう／稲刈りに出かけよう／お米を炊こう／縄のブレスレットを作ろう

11月 〈さつまいも・しいたけ〉石焼きいも屋を開こう／いもの葉書を作ろう／郵便局に行こう／きのこ狩りに行こう

12月 〈羊〉羊の毛をもらいに行こう／羊の毛を染めよう／フェルトを作ろう

1月 〈春の七草〉春の七草を探そう／だるまの絵つけをしよう

2月 〈火〉火をおこそう／火でパンを焼こう／炭を作ろう／墨の拓本をつくろう

3月 〈粘土・桜〉春のお茶席に出かけよう／土で茶碗を作ろう／お花見で桜餅を食べよう

　04年度は参加希望者が増えたため、週1日から週3日に増やし、放課後3時間を活動にあてています。参加費用は1カ月3000円、定員は各30名。中心になって活動しているのは脇幸典(わきゆきのり)先生。園外に出かけるバス代や活動費用の不足分は園で負担し、他の先生方も手伝いに入ります。

このプログラムのユニークなところは、できるだけ幼稚園外の協力をあおいでいることです。たとえば月見団子を作るときには、近くの団子屋さんに子どもたちといっしょに話を聞きに行って、作り方を教えてもらいます。牧場で働く人、竹職人、お茶の先生、農家の人などの協力も、あおいでいます。こうした姿勢によって幼稚園は地域に開かれていき、参加する子どもたちと周囲の人たちとの交流が生まれていくのです。04年の夏は、初島(熱海の沖合い)への泊まりがけプログラムも開始。島をあげての歓迎に子どもたちは大喜びです。

企業の出張講座で実践的に学ぶ

　横浜市都筑区は、01年9月に「つづき博士倶楽部」を発足。学校と地域が連携した教育の推進という横浜市の理念にもとづき、区内の企業に対して小・中学校への出張講座の登録を呼びかけました。
　東京ガスの出張講座「エコ・クッキング」は、むずかしく思われがちな環境問題を身近な題材で楽しみながら体験することが目的です。セロリの葉を使った炒め物、皮付きの大根やカブの煮物など、ふつうは捨ててしまう部分を使った料理や、上手な皿の洗い方を身につけたり、ガス・電気・水道の使用量の減らし方を学びます。費用は、数百円程度の材料費のみです。ここでは、03年度に2日間の講座を受講した小学校6年生のケースを紹介しましょう。
　1日目の講義では、残飯をテーマにしました。まず、全体的な状況を説明します。
　「日本人の1日1人あたり供給カロリーと摂取カロリーを比べると、実際に摂取されているのは供給カロリーの約3分の2

3 学校の外へ出よう、プロを呼んでみよう

調理実習の前にエネルギーや環境について教わります(写真提供:高橋俊光)

です。残り3分の1は摂取されていません。これを1日の食事にたとえると、1食分が丸々捨てられていることになります」

　続いて、学校の人数から残飯の量を計算していきます。1人が米1粒を残すと全校でお茶碗何杯分が残るのかも計算しました。こうすることで、子どもたちが身近な問題として意識できるわけです。実際、受講後には給食を残す量が目に見えて減りました。

　2日目の調理実習では、初めにチラシで生ごみ入れを作ります。これは、生ごみをできるだけ濡らさないための工夫。生ごみは濡れると腐敗が進みやすいし、水分が多いと燃やすときに余分なエネルギーが必要となるからです。

　作ったのは冷蔵庫の残り物を使ったオムレツ。そして、洗剤や水を使いすぎない片付け方を学びます。たとえば、汚れた皿を重ねない、鍋や皿の汚れを紙で拭き取る、米の研ぎ汁など調

理に使った水で下洗いする、などです(http://www.tokyo-gas.co.jp/ecocom/ecocooking/index.html 参照)。

　このクラスでは担任が5年生から持ち上がり、継続して環境問題に取り組んできました。エコ・クッキングを受けてから、子どもたちの環境に対する意識はさらに高まっていきます。先生はこう言っていました。

　「発表で模造紙を使おうとすると、子どもたちが、裏の白いチラシを集めてきて、張り合わせて使おうよと提案するんですよ。親が捨てようとする野菜クズにも、もったいないという声があがっているようです」

　また、安全な農産物を供給している大地を守る会は、02年度に小学校4年生と5年生を対象にして、稲づくり講座を開きました。タイトルは、「発見しよう！"田んぼの力"」。4月から10月まで月1回、1時間半～2時間の体験と講義です。

　たまたまその小学校の隣りは、里山を保存するために一般の立ち入りが禁止されているエリアで、水田もありました。そこで、横浜市と交渉して利用許可を受け、田植えに始まって、草取り、稲刈り、乾燥・脱穀までを体験したのです。さらに、ワラやモミ殻の利用方法、米や水田が果たしてきた役割などを学びました(04年度はお休みです)。

身近な食と環境問題を結びつける ●●●●●●●●

　農水省も食育を推進しようと、各地の農政事務所から職員が出向いて出張食育講座を開いてきました。たとえば、関東農政局はつぎのように説明しています。

　「これからは、子どもさんや消費者の皆さんが、自分たちの食べ物や食生活、あるいは地域の農業や環境問題などについて、

3　学校の外へ出よう、プロを呼んでみよう

自ら考え、行動していただくことが必要と考えています。関東農政局では、このような皆さんの『食育』をお手伝いするため、職員が学校や地域に出かけていく『出前講座』を行っています（講師の派遣は無料です）」(http://www.kanto.maff.go.jp/syokunou/demae/)

　そして、ホームページ上で、食と農に関する学習実施アイディア集も公開（http://www.kanto.maff.go.jp/syokunou/kids/index.html）。学校内にある教材を活かしながら何ができるか、深く調べようと思ったときはどこに相談すればいいか、などの情報が盛り込まれています。たとえば、校庭の柿を使おうとすると、柿の栄養、柿渋染め、柿を使った料理のページなどにリンクが張られています。

　また、『食文化活動』32号には、近畿農政局の職員と和歌山県かつらぎ町にある大谷小学校の栄養職員とのジョイント授業の様子がレポートされています。「農政局の『出張講座』は栄養職員がやる食の指導とはまったく違い、自分の体・健康の問題だけでなく、広い視野を持って食から地球や環境に目を向けてみようというもの」(11ページ)だったそうです。

　たとえば、コンクリートの土、校庭の土、山の土の水の浸透の違いを調べる実験を行い、土の役割と水の関係を説明。そのうえで、水の浄化機能を解説していきます。味噌汁を残すとどうなるかを例にとりました。

　「お椀の底に、スプーン1杯分だけ残ったとするよ。それを捨てて、魚が棲めるような水に戻すためには、70リットルもの水が必要なんだ」

　そして、10リットル入りのポリタンクを見せて「これ7杯分」と説明することで、子どもたちはその量の多さを自分の目

で認識し、驚きます。授業後には、いつもは残す大根の煮物を、「これを残して捨てたら、お魚が死んでしまう」と言いながら食べる子どもの姿もあったそうです。

こうした授業を受ければ、「食べることは、自分自身の健康のためだけではなく、環境や生き物の問題にもつながる」という事実に子どもたちが気づくでしょう。それが、子どもたちの行動を変えることにつながります。

事前・事後の指導・学習が大切

複数の人がこう話していました。

「同じ学年の数クラスが同時に同じ授業を受講しても、その前後に担任の先生がどれだけ関連づけた指導を行えるかによって、子どもたちの関心のもち方や印象の深さはまったく変わってくるんですよ」

1度だけの授業で終わらせてしまうのか、事前や事後の学習で継続的に子どもたちの興味や関心を引き出し、問題を掘り下げていけるのか。食育に限ったことではありませんが、先生の意識と熱意がなければ、子どもたちにうまく伝わりません。

112ページで紹介した授業では、子どもたちが自発的にさまざまな場所に出かけました。それは、先生の子どもたちへの意識づけが相当に高いレベルにあったからでしょう。

繰り返しになりますが、食育は決して栄養職員だけが担当する授業ではありません。食はすべての科目と関連しています。食べなくては生きていけないし、健康にもなりません。すべての先生が食についての知識を増やし、自分なりの食に対する考え方をもつことが求められているのです。

自分だけの食のガイドブック

　川下りとうなぎのせいろ蒸しで有名な福岡県柳川市に行ったとき、メインストリートから一筋入り込んだところに、地元の人のための商店街を見つけました。土地柄なのか何件もの魚屋があり、活きのよさそうな魚が無造作に並べられいます。そこで目を引いたのが、水を張った箱に入った、三角形を少しゆがませて先をとがらせた不思議なもの。思わず店の人に尋ねてみました。
　「これはなんですか？」
　「ヒシの実だよ」
　ヒシの実？　聞いたことはあるような気がするけれど、食べた経験はありません。魚屋の店頭で、しかも水に入って売られているのでてっきり魚介類だと思ったら、田んぼや沼で育つ水草の実で、ゆでると栗に近い味だそうです。
　見た目からはとても想像できなかった答えの連続に、いろいろな食べものがあると、ただただ感心してしまいました。実際に味わうことはできませんでしたが、この商店街に足を運んだ偶然が旅に一味違う記憶を残してくれたのは、間違いありません。
　家に帰って偶然、万葉集で柿本人麻呂がひしの実を詠んでいる場面を見つけました。

　君がため　浮沼の地の　菱採ると　我が染し袖　濡れにけるかも

　人麻呂があのヒシの実を食べ、しかも、愛する人のために実を採ろうと沼に入ったのか……。旅の思い出が蘇り、次の機会には絶対に食べようと心に決めたものです。
　九州では、ほかにも各地で初めての食材に遭遇しました。たとえば、鍋料理の大皿に盛られた春菊の葉の形が違います。関東地方のギザギザした葉と違って、菊の葉のような丸みがありました。博多の長なすの長さにもびっくり。正月のお雑煮には、白菜に似たかつお菜が用いられることも、八百屋の店先で知りました。
　知名度はなくてもその土地に根づいた食べものとの出会いは、旅の大きな楽しみ。自分だけのガイドブックに一行書き加えられたような、満足感にひたれます。
　旅をするときは、小さな商店街をのぞいたり、地元の人でにぎわう店での食事を、ぜひ予定に入れてみてください。

一杯のラーメンから広がる食文化

　スローフードについて調べているという学生が言いました。
「ラーメンなんか食べてちゃいけないってことですよね」
　私は思わず言い返しました。
「それは違うと思うわよ」
　日本における理想の食のあり方はラーメン文化かもしれないと、いつも思っていたからです。
　日本の国民食とまでいわれるラーメンには、食べ手としてのこだわりがたいていあります。
「味噌でなくちゃ、いや。トンコツだ。私は支那そば。麺は太いのが好き。やっぱり縮れ麺がいい。スープは透明でなくちゃ。白く濁ったコッテリが好き」
　こんなに自由に自分の好みを語れる食べものは、あまりありません。たとえばフランス料理だったら、懐石だったら、ワインだったら……。正直に自分の好みを発言するのに多少の勇気がいる人のほうが多いのではないでしょうか。
　手軽な外食であり、週末の昼どきには家族連れも多く訪れるラーメン店。しかし、値段が手ごろだからといって、味への手抜きは決して許されないのもラーメン店。手をぬけば、あっという間に客足は減ります。ファミリーレストランやファストフードの画一的な味には寛容な人でも、なぜかラーメンの味への評価は厳しいのです。
　ラーメン店は中小企業。店主は自分がおいしいと信じる味を追求するために、材料を厳選し、長時間かけてスープをとり、一杯の丼で勝負しています。そして、そうした努力を評価するラーメンの食べ手である私たち消費者の存在が、支えてきました。
　自分ならではの味を追求する作り手がいて、他人の意見に左右されるのではなく、自分が好きな味を見つけようという意欲的な食べ手がいる。忌憚なく味の好みを語り合う。カウンターの内と外で言葉をかわすことはなくても、店主と常連客とが相互に敬意を払う関係が成立する。日本のラーメン文化は、私たちが誇るべき食文化の一つだと思いませんか。

CHAPTER 5

農と食卓と世界をつなげてみよう

小さい子どもでも大丈夫。鎌を上手に使って稲刈り

1 農業問題って、だれの問題？

困るのは消費者 ●●●●●●●●●●●●●●●

「日本農業とやらが滅びても百姓は困らない。どんな時代になっても自分と家族が食べる分だけは作り続けるわけだから、農業・食糧問題など百姓の知ったことじゃない。農業が滅びて困るのは消費者だ」(山下惣一編著『安ければ、それでいいのか!?』2001 年、コモンズ、199 ページ)

農民であり、作家である山下惣一氏は、こう言い切っています。

私自身、地方を旅して自給自足に近い生活をしている人たちに会うたびに、「この人たちは、なにがあろうと食いっぱぐれないだろうなあ。それにひきかえ、自分はどうだろう」と考え込んでしまいます。最近、日本の食に関する最大の問題は「消費者の無関心」ではないかと思うようになりました。多くの消費者は、自分たちの食べるものがなくなるとは、想像さえしたことがないでしょう。でも、日本の農民の平均年齢は 60 歳代です。10 年後に私たちが国産の農産物を食べられるかどうかは、まったく保証されていません。

伝統的な食文化を守るために ●●●●●●●●

伝統的に食を重視する文化をもつフランスにおいても、冷凍生地を使って工場で大量に製造した安いパンを売る大型店が増え、小さな手作りパン屋が減少しています。1980 年には 87% を占めていた伝統的なパン屋の数は、97 年には 72% に減ってしまったそうです。

そうした状況のなかで、「パン屋」と名乗れるのは、自らが小麦粉を選び、練り、かまどで焼き、その場で売る店に限られ

るという法律が、98年5月につくられました。フランス政府は、小さなパン屋＝職人を保護すると同時に、伝統的なパンの質を守るためにこの法律を制定したのです。消費者にとっては、店を選ぶ基準になっています。日本でも、このような法律をつくる必要があると思いませんか。

日本人だけの問題ではない

　狭い範囲で食べものが生産され、消費されている社会では、その動きが把握できます。でも、いまの日本では、きょうの食卓にのぼった食材がどこで生産され、どれだけ多くの国の人たちの手を通っているのか、残飯はどういうルートで処理されていくのかを想像することは困難です。

　自分が何を食べるかが、自分の体によいか悪いかという問題でしかないのなら、「何を食べようが私の勝手」で通るかもしれません。それでも、現実には、日本人は世界各国から食材を買い集めています。私たちが毎日何を買うか、何を食べるかが、他の国ぐにの人びとの生活や将来の地球環境にまで影響を与えているのです。それを、いったいどれだけの人たちが意識して暮らしているでしょうか。

　96ページで紹介した安塚小学校の舘岡先生は、日本の米不足がタイに及ぼした経済的な影響について思いを馳せ、それを子どもたちに語りました。安いもの、おいしいもの、めずらしいものを求める私たちの食生活が及ぼす影響は、未来の消費者である子どもたちも私たちおとなも知っていなければならないことなのです。

2 食版「世界がもし100人の村だったら」

　2000年の世界の食料輸入総額は約5084億ドル(表1)、02年は約4260億ドル(『貿易投資白書2003』JETRO)です。そのうち日本は約519億ドルと418億ドルを輸入しているので、ほぼ10％にあたります。日本の人口は約1億2700万人ですから、世界人口約63億人の2％程度にすぎません。単純に考えて、毎年ふつうの人の5倍も食べている計算です。

　世界がもし100人の村だったら、日本人は2人ですから、1人で5人分の食料を輸入していることになります(図1)。なかでも目立つのが魚。エビは日本人1人で14人分、カニは26人分、マグロ・カツオは30人分も輸入しています。

　おもな国ぐにの食料輸入額と食料輸出額を表1に示しました。フランス、ドイツ、イタリアも輸入額は多く、1人あたりではむしろ日本を上回っています(図1)。しかし、日本との大きな違いは、これらの国ぐにには輸出額の割合も相当に多いことです。それぞれ、8.2人分、4.2人分、3.8人分、輸出しています。これに対して日本の輸出額は0.25人分にすぎません(図2)。

表1　各国の食料輸入額と輸出額　　　　　　　(単位：100万ドル)

	輸入額（％）	輸出額（％）	輸入額－輸出額
日　本	51,897 (10.2)	2,392 (0.51)	49,505
アメリカ	55,505 (10.9)	59,599 (12.8)	−4,094
ド イ ツ	36,771 (7.2)	25,261 (5.4)	11,510
フランス	26,243 (5.2)	34,499 (7.4)	−8,256
イタリア	24,163 (4.8)	15,984 (3.4)	8,179
韓　　国	9,696 (1.9)	3,023 (0.65)	6,673
世界合計	508,423 (100.0)	465,845 (100.0)	

(出典) 農林水産省統計情報部編集『国際農林水産統計2002』農林統計協会、2003年、186～187ページ、190～191ページ。総務省統計局ホームページ(http://www.stat.go.jp/data/sekai/02.htm)

一方で、02年度の日本の食品廃棄物は食品産業全体で1131万トン。世界の食料援助総量に匹敵する世界一の残飯大国です(『日本経済新聞』(夕刊)2004年2月3日)。

図1　1人あたりの食料輸入額の割合

日本 5人	
アメリカ 2.4人	
ドイツ 5.5人	
フランス 5.8人	
イタリア 5.3人	
韓国 2.7人	

図2　1人あたりの食料輸出額の割合

日本 0.25人	
アメリカ 2.8人	
ドイツ 4.2人	
フランス 8.2人	
イタリア 3.8人	
韓国 0.93人	

3 現実になるかも しれない食事

国産農産物だけのメニュー

　もし輸入がまったくできなくなって、国産農産物しか食べられないとしたら、どんな食生活になるのでしょう。

　農水省のホームページに、「国内の農業だけで生産を行った場合の食生活の試算」が載っています(http://www.kanbou.maff.go.jp/www/anpo/sub121.htm)。試算は2つのケースで、①休耕田も含めた田んぼすべてで米を作った場合と、②イモ類の生産量を増やしてカロリー確保を重視した場合です。

　それによると、2008年に可能な1日の供給熱量は①が1890キロカロリー、②が2030キロカロリー。これは、1998年度の数値の4分の3前後で、ほぼ1950年代前半の食生活です。野菜が半分、肉類は7分の1〜9分の1、油脂類は7分の1〜15分の1に減り、いも類は6〜15倍に激増することが予想されています。

　つぎに、「食料自給率早見ソフト(改訂版)」(http://www.kanbou.maff.go.jp/www/jikyu/jikyu03.htm)を使って、国産農産物だけの食生活を示してみました。以下の光景は、決して空想の世界ではありません。アメリカのBSE騒動で、牛丼は日本中からほぼ姿を消しました。現実に起こる可能性が十分あるのです。

〈朝食〉

　まず、お味噌汁を毎日は飲めません。食品用の大豆の自給率は26%(味噌では30%)ですから、週に1〜2回の計算です。

　パン食はもっと悲惨です。パンそのものが店頭になかなか見あたりません。小麦粉の自給率は11%(食パンでは1%)なので、パンの朝食は月に3回がギリギリです。牛乳の自給率は

43％。1週間にひとり3本まで。

〈レストランのメニュー〉
- ご飯
- 蒸し野菜(調味料は塩のみ)
- 魚介(ほっけ、ぶり、ほたて貝、あじ、かつお、いか)の塩焼きか酒蒸し。刺身もできますが、醬油ではなく塩で
- 魚の干物　さんま、ほっけ、あじ
- サラダ　ドレッシングは酢と塩のみ
- 塩味の吸い物(具はわかめ、ねぎ、三つ葉からチョイス)
- スープ　(きのこと野菜)

〈牛肉メニューは10日に1度〉
- 牛肉のハンバーグ(牛肉の自給率10％)

〈町の光景〉

　初め、おそば屋さんは5分の1(そばの自給率は18％)に、うどん屋さんは半分(干しうどん・ゆでうどんの自給率は59％)に減りました。しかし、醬油の自給率が0％なので味がひどく、まもなく消えるでしょう。

　宅配ピザのお店も、ハンバーガーショップも、ドーナツ屋も、なくなりました。行列ができていたラーメン屋も、麺や具の材料が十分に確保できず、店を開けられません。お弁当屋は、おにぎり屋に姿を変えました。人気のコーヒーショップは、もちろん全滅。代わって、日本茶を出す店ができました。

〈居酒屋での会話〉

「まず、冷奴をもらおうかな」

「きょうは、ありません」
「じゃあ、マグロ納豆」
「すみません。できません」
「ビールまだなの？」
「えっ、ビールなんて、何ぜいたく言ってんですか」

給食の自給率を調べてみよう

　農水省のホームページから、食料自給率早見ソフトをダウンロードします。そして、1週間の給食の献立を見ながら、それぞれの食材の自給率を調べてください。

　つぎに、栄養職員に、1週間の給食に使った食材は、だれがどこで作ったものか、どこから買ったかを話してもらいましょう。

　さらに、表2を参考にして、自給率が70％以上の食材だけを使った献立を考えて、実際に作ってみます。

食料の備蓄をしている？

　あなたの家では、非常用の食料を用意していますか？　用意していたら、それで何日ぐらい食べていけると思いますか？

　用意していなかったら、それで大丈夫なのか、家族で話し合ってみましょう。

　スイスでは、約2週間分の食料を家庭で非常用に備蓄しておくことが奨励され、国や企業にも備蓄義務があります。日本の備蓄制度はどうなっているかを、農水省のホームページ（http://www.kanbou.maff.go.jp/www/anpo/pamphlet.htm）を参考に調べてみましょう。

3 現実になるかもしれない食事

表2 自給率が高いおもな食材

90％以上	80～90％	70～80％	調味料・香辛料など
米	ししとう セロリ 玉ねぎ にんじん ピーマン ほうれん草 れんこん	生しいたけ	片栗粉 かつお節 からし 米酢 酒 塩 ほんみりん わさび
オクラ、かいわれ、カブ、カリフラワー、キャベツ、きゅうり、小松菜、さつまいも、サラダ菜、しそ、春菊、空豆、大根、チンゲン菜、なす、にら、ねぎ、白菜、パセリ、ふき、三つ葉、もやし、モロヘイヤ、大和いも、レタス、わけぎ		いか 真あじ	
	いちご		
	こんにゃく しらたき		
えのき、エリンギ、しめじ、なめこ、マッシュルーム	かき かつお		
柿、スイカ、梨、みかん、柚子			
かんぱち、くじら、さんま、たい、ぶり、ほたて貝、ほっけ			
ウズラ卵			
青のり、切干大根、昆布、のり、春雨			

(出典) 農林水産省「食料自給率早見ソフト平成14年度版」。

4 食の向こうの世界を
のぞいてみよう

サイクルとしての食を体験するグリーンツーリズム ● ● ●

　　　　全国の多くの自治体や民宿で、田舎暮らし体験講座が行われています。多くは日帰りや短期プログラムですが、最近は夏休みを利用した子どもたち対象の長期の山村留学、熟年層が参加するプログラムも増えてきました。その一つが、福島県東白川郡鮫川村(さめがわ)のあぶくま自然大学です。

　　　「2～3泊程度の農業体験の時代ではないと思うんです。表面的なことだけで、『楽しかった』で終わってしまう農業体験はもういいかなって。環境の違うところで共同生活し、協調、我慢、譲り合いを自然体で学べるようにしています」(代表の進士(しんし)徹さん)

　　　そして、99～01年度の文部科学省委嘱事業である子ども長期自然体験村で、多くの子どもたちを受け入れてきました。古い民家を改造した宿泊所に泊まり、薪で沸かすドラム缶風呂に入り、農業の手伝いをし、畑で作った野菜を使って自炊するプログラムです。その後も、夏休みを中心に、子どもたち対象のプログラムが多く組まれています。幼児も参加可能な2泊3日の「プチキャンプの王様」(定員45人、参加費2万8000円、食事、宿泊、保険、指導費込み)、小学校3年生～中学生対象の11泊12日の長期プログラム(8万8000円)など、村の人たちの協力もあおぎながらの田舎生活体験が好評です。

　　　おとな向けプログラムも99年から着手。2日(食事、宿泊、保険、指導費込みで1万8000円)から長期は6ヵ月(82万8000円)まで、薪割り、炭焼き、農作業、里山の間伐、食事づくり、鶏の世話や堆肥づくりなど農と食の一連のサイクルを習得していくのです。おとなの山村留学コースに参加した会社役員

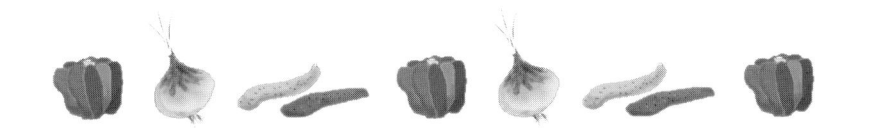

の男性は、体験をこう書いています。

「（引退して暇をもてあます熟年層が）山村に来て体を動かし、荒廃する農地や山林の手入れをし、役に立つことがシステム的に出来たら、生きがい対策にもなる」（「高齢者交流型グリーン・ツーリズム事例調査研究報告書」都市農山漁村交流活性化機構、2003年、92ページ）。

進士さんはさらに、国内留学による「教育再建ドリームプラン」を提案しています。都会の子どもたちが田舎に留学し、体験を重視しながら基礎学力向上とのバランスをとっていこうというものです。進士さん自身が子どもを連れての東京からの移住組。自給自足に近い現在の生活に至るまでの苦労を身をもって体験しているので、その言葉には説得力があります(http://www2.ocn.ne.jp/~abukuma)。

食べものと身のまわりの自然との関係を考える

①ご飯1杯で赤トンボが1匹育つ

「私の田んぼでは、ご飯茶わん1杯分、つまり3株の広さに赤トンボが1匹生まれます。安全で安いからと外国産のニンジンや米を食べたって、日本のキアゲハや赤トンボは育ちません。地元で取れた食べ物を食べるのが最大の自然保護なんですよ」（棚田の学校　連続講座「棚田」第3期講義録、参照）。

こう語る宇根豊氏は、独自の視点で減農薬運動に取り組んできました。虫見板を考案し、害虫と益虫、そして益虫が育つために必要である「ただの虫」の大切さを説き、害虫だけでなくすべての生きものを殺してしまう農薬に反対しています。

あなたの身のまわりには、どんな虫が、どのくらい、いますか？　学校の近くの田んぼにいる虫の種類を調べてみましょう

(宇根豊ほか『減農薬のための田の虫図鑑——害虫　益虫　ただの虫』農山漁村文化協会、1989 年、参照)。一カ所ではなく、いくつかの田んぼで、なるべく継続的に調べてください。

　虫の種類や数は同じですか、違いますか？　差がある場合は、理由を考えてみます。また、農家の人や農協の職員に、農薬を使っているのかいないのか、使っている場合は、どんな虫を殺すためにどんな農薬を使っているのか、農薬を使わないとどうなるのか、などを聞いてみましょう。

　②カブトムシは環境保全のバロメーター
　日本には市街地の割に近くに、クヌギやコナラなどの広葉樹を中心とした雑木林(里山)があります。私たちは長いあいだ、この雑木林から、炭や薪にするための木を切り出し、落ち葉や草を集めて堆肥をつくって農業に役立ててきました。だから、雑木林はよく手入れされ、適切に管理されてきました。

　カブトムシは幼虫のころ、広葉樹の落ち葉などが積もってできた腐葉土の中を棲みかにして暮らし、成虫になってからは、クヌギやコナラなどの樹液を食べて生活します。自然にある原生林の中には、カブトムシが生きるのに適した場所は少ししかありません。でも、人間が手を加えて管理している雑木林は、カブトムシにとってうってつけの場所なのです(http://www.daichi.or.jp/pc/kyoiku/kabutomusi-index.html)。

　ところが、化学肥料が普及すると、土づくりのために堆肥をつくる農家が減っていきます。利用価値が少なくなった雑木林はしだいに手入れされなくなって荒れ、開発のために伐採されることも増えていきました。絶好の棲みかを失ったカブトムシも、減少しています。

4　食の向こうの世界をのぞいてみよう

　こう考えると、カブトムシは、化学肥料を使わない農業が盛んかどうか、身近な環境が守られているかどうかをを示す、バロメーターといえるでしょう。カブトムシは有機農業のシンボル的存在なのです。
　118ページで紹介した大地を守る会が行っている、「育ててみよう！カブトムシ(カブトムシと農業)」は、カブトムシと農業・環境問題とのかかわりを考える講座です。子どもたちはカブトムシの意味を学んだ後で飼育方法を教わり、成虫になるまで育てます。みなさんの住んでいる地域に、カブトムシはどれだけいるでしょうか。クヌギやコナラの雑木林は近くにありますか。探してみましょう。

　③草を刈るから花が咲く
　映画『おもひでぽろぽろ』の一場面で、都会から援農にきて「自然がいっぱい」と喜ぶ女性に、農家の青年が「この自然はみんな百姓がつくったんです」と説明する場面があります。たとえば、夏に田んぼの畦(あぜ)の草を刈らなければ、秋に花が咲きません。日本から田んぼがなくなれば、「自然がい〜っぱい」と思える風景も消えてしまうかもしれません。
　畦には、どんな花が咲いていますか？　休耕田の畦はどうでしょうか。畦の草刈りはどんなタイミングでやっているのか、なぜやっているのか、農家の人に尋ねてみましょう。

　④みみずの世界を観察してみよう
　みみずの糞には植物の成長にとって大切な栄養分がたくさん含まれているって、知ってましたか？　みみずがたくさんいる畑は、土が豊かな、いい畑です。

第5章●農と食卓と世界をつなげてみよう

みみずは生ごみを食べて堆肥に変えてくれます。給食で出る生ごみを減らすために、学校でみみずを飼い、観察してみましょう。有機農業の先進国キューバでも、みみず堆肥は大活躍です。『みみずのカーロ——シェーファー先生の自然の学校』(今泉みね子著、合同出版、1999年)は、南ドイツにあるメルディンガー小学校の環境教育について書かれた本で、参考になります。

食生活と外国の経済や環境との関係を調べる ● ● ● ●

①スーパーの探検

スーパーは食育の絶好の場所です。店長さんに許可を取り、みんなでいろいろ調べてみましょう。

野菜はどこで穫れたか、肉や魚の原産地はどこか。

どうして、それらを置いているのか。

いつ穫れたのか。

一番近くで穫れたものは何か。遠くで穫れたものは何か。

どんな人の手を通り、どのくらいの距離を運ばれてきたのか。

値段はどうやって決まるのか。

同じ野菜でも地場もの、輸入もの、有機栽培、冷凍などいろいろあるかもしれません。それぞれの値段をメモし、値段の違いの理由を考えてみましょう。また、産地がどこにあるのか、他に何を作っているかも調べてみます。

さらに、別の地域にある学校と協力して種類を決め、それぞれの近くのスーパーを調べ、どんな違いがあるか比較。その理由を考えていきます。学校がある市町村の姉妹都市など海外の学校とも比べられると、日本の特徴がわかるでしょう。

②割り箸の木はどこから来ている？

90年ごろ、弁当を食べたり外食したりするたびに割り箸を使うために海外の木が過剰に伐採されていると、問題になりました。大半を輸入している中国の土地の保水力が低下し、洪水が起こりやすくなっているという批判もあります（詳しくはhttp://www.sanshiro.ne.jp/activity/99/k01/6_18prs1.htm、参照）。

中国から輸入しているのは、要するに安いから。労働者の賃金がはるかに安いうえに、植林が行われずに天然材が伐採されており、森林の再生にかかる費用が木材価格に反映されていないのです。一方で、日本の里山は手入れをされずに荒れています。その間伐材を使って割り箸を作れば、外国の森林を荒らさないですむし、里山に手を入れるきっかけにもなるという理由で、国産の間伐材を使った割り箸を積極的に利用しようという運動もあります。割り箸も食育の適切な素材です。つぎのような点を調べて、考えていきましょう。

1) 私たちがいま使っている割り箸は、どこのどんな木を使って、どういうルートで来ているのか。
2) 近くの飲食店の割り箸は、使われた後どうなっているのか。捨てられているのか、リサイクルされているのか。
3) どんなリサイクルの方法があるか。
4) 割り箸の使用を減らすにはどんな方法があるか。
5) 中国からの割り箸輸入をやめると、中国の割り箸業者にどんな影響があるか。
6) 私たちには何ができるか。

輸出する側（生産者）と輸入する側（消費者）が対等な関係に立った、フェアトレードという貿易があります。6)の参考に調べてみてください（http://www.fairtradecenter.org/参照）。

エピローグ　食の向こうに世界が見える

何をどう食べるかを判断する力をつける

　　私たちは、有機栽培の野菜しか食べてはいけない、食品添加物が入っていたら絶対にダメ、ファミリーレストランには行くべきでない、ファストフードを利用するのはもってのほか、などと言うつもりはありません。そうした議論は飽食状態の日本だからこそできる、という側面もあるのですから。

　　それぞれがおかれている状況のなかで、ひとりひとりが、何を、どのように、どこで、だれと食べるのがよいかを判断する力をつけることこそが大切だと、私たちは思っています。田舎に行けば食事ができる場所は限られるし、他人の家や合宿、山小屋などでは、自分で食べるものを選ぶわけにはいきません。忙しければ、コンビニのおにぎりを車中でかじったり、手近にあるパンを食べて終わりにせざるをえない場合もあるでしょう。

　　そんなとき、積極的に自分にとっての「おいしさ」を見つけようという気持ちで食事をするのと、「こんなの食べものじゃない」と初めから拒否してしまうのとでは、大きな違いがあります。場面に応じて、自分なりの優先順位をつけ、何をどう食べるかを意識して選択し、選択した以上は前向きに楽しんでいきたいと思いませんか。

楽しむ、そして考える

　　最後に、私たちが考える食育をあらためて確認しておきたいと思います。

　　「食べるのは楽しい、料理っておもしろい」を出発点にして、自分の体にとって何がいいのかという栄養の知識と、どう

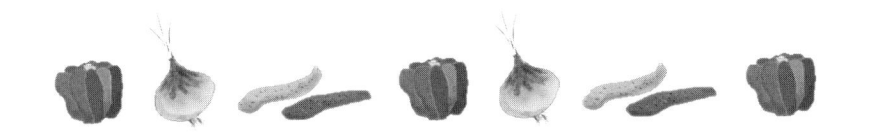

すればよりおいしい料理が作れるのかという調理の技を身につけることは、とても大切です。ただし、これは食育の一側面にすぎません。

　つぎに、食と切っても切り離せない農に目を向け、食べ方や買い方をとおして周囲と地球の環境を少しでもよくするにはどうしたらよいのか、どうすれば先進国と途上国の人びとが共存していけるかを考えてほしいと思います。そして、その知識が、「きょう何を食べるのか」というそれぞれの消費行動、判断、選択の基準になる。それが、私たちにとっての理想的な食育です。

　私たちが行っている「食の探偵団」は、その第一歩であり、「楽しい食の世界」の入り口に立つきっかけづくりです。同時に、その奥に広がる農や環境の問題への橋渡しになればという思いでプログラムを組んできました。食べるという毎日の行為が楽しいからこそ、その向こうにある世界をもう少し意識してほしい、というメッセージといってもよいでしょう。

　日本の環境問題の草分けの一人といえる富山和子さんは、こう書いています。

　「現場体験は是非とも必要ですが、(現場体験と教室での学習と)どちらが先でもよい。大事なのはまず関心を持つことでしょう」(『環境問題とは何か』PHP新書、2001年、152ページ)

　食をめぐるサイクルのどこが入り口でもいいと思います。ひとりでも多くの人が関心をもつような食育が、さまざまな立場からたくさん生まれてきてほしい。それによって、五感で感じ、自分の体を使って体験し、考え、選択する消費者が育てば、やがては農のあり方、国のあり方も変わると、私たちは信じています。

感じる食育 楽しい食育

2004年9月15日 ● 初版発行
2006年4月5日 ● 2刷発行

著者 ● サカイ優佳子・田平恵美
©Yukako Sakai, 2004, Printed in Japan

発行者 ● 大江正章
発行所 ● コモンズ

東京都新宿区下落合 1-5-10-1002
☎03-5386-6972 FAX03-5386-6945

振替　00110-5-400120

info@commonsonline.co.jp
http://www.commonsonline.co.jp/

印刷／東京創文社　製本／東京美術紙工
乱丁・落丁はお取り替えいたします。

ISBN 4-906640-83-4　C 0077

◆コモンズの本とビデオ◆

地球買いモノ白書	どこからどこへ研究会	1300円
安ければ、それでいいのか!?	山下惣一編著	1500円
食卓に毒菜がやってきた	瀧井宏臣	1500円
肉はこう食べよう 畜産をこう変えよう	安田節子・魚住道郎ほか	1700円
パンを耕した男 蘇れ穀物の精	渥美京子	1600円
水とガンの深い関係 都市の水は安全なのか	河野武平	1600円
徹底解剖100円ショップ	アジア太平洋資料センター編	1600円
食べものと農業はおカネだけでは測れない	中島紀一	1700円
地産地消と循環的農業	三島徳三	1800円
食農同源 腐蝕する食と農への処方箋	足立恭一郎	2200円
都会の百姓です。よろしく	白石好孝	1700円
有機農業が国を変えた 小さなキューバの大きな実験	吉田太郎	2200円
みみず物語 循環農場への道のり	小泉英政	1800円
土の子育て	青空保育なかよし会	980円

〈シリーズ安全な暮らしを創る〉

2	環境ホルモンの避け方	天笠啓祐	1300円
3	ダイオキシンの原因を断つ	槌田博	1300円
4	知って得する食べものの話	「生活と自治」編集委員会編	1300円
5	エコ・エコ料理とごみゼロ生活	早野久子	1400円
6	遺伝子操作食品の避け方	小若順一ほか	1300円
7	危ない生命操作食品	天笠啓祐	1400円
8	自然の恵みのやさしいおやつ	河津由美子	1350円
9	食べることが楽しくなるアトピッ子料理ガイド	アトピッ子地球の子ネットワーク	1400円
10	遺伝子組み換え食品の表示と規制	天笠啓祐編著	1300円
11	危ない電磁波から身を守る本	植田武智	1400円
12	そのおもちゃ安全ですか	深沢三穂子	1400円
13	危ない健康食品から身を守る本	植田武智	1400円

〈ビデオ〉不安な遺伝子操作食品	小若順一制作・天笠啓祐協力	15000円
〈ビデオ〉ポストハーベスト農薬汚染	小若順一	12000円
〈ビデオ〉ポストハーベスト農薬汚染2	小若順一	15000円

価格は税抜き